我们为什么要上学?

[美] 布克尔·华盛顿 著 By Booker T.Washington

陆红铁 简宁 译

UP FROM SLAVERY

新世界出版社
NEW WORLD PRESS

图书在版编目（CIP）数据

我们为什么要上学 / (美) 华盛顿 (Washington,B.T.) 著；陆红铁，简宁译. —北京：新世界出版社，2013.11（2018.5重印）

ISBN 978-7-5104-4653-5

Ⅰ. ①我… Ⅱ. ①华… ②陆… ③简… Ⅲ. ①华盛顿，B.T.（1856 ~ 1915）—自传 Ⅳ. ①K837.127=44

中国版本图书馆CIP数据核字（2013）第257010号

我们为什么要上学

作　　者：(美)华盛顿(Washington,B.T.)
译　　者：陆红铁　简　宁
责任编辑：余守斌　熊文霞
责任印制：王宝根
出版发行：新世界出版社
社　　址：北京西城区百万庄大街24号（100037）
发行部：(010) 6899 5968　(010) 6899 8733 (传真)
总编室：(010) 6899 5424　(010) 6832 6679 (传真)
http://www.nwp.cn
http://www.newworld-press.com
版权部：+8610 6899 6306
版权部电子信箱：frank@nwp.com.cn
印　　刷：北京嘉业印刷厂
经　　销：新华书店
开　　本：710×1000　1/16
字　　数：250千字　印张：15.5
版　　次：2014年1月第1版　2018年5月第3次印刷
书　　号：ISBN 978-7-5104-4653-5
定　　价：32.00元

作者自序

本书中的各篇曾在《展望》杂志连载，内容所写都是我真实人生的写照，从童年生活写到如今，现将其汇为一编。当这些文章发表的时候，国内各地不断有人来信，要我印成专集，以便大家阅读保存。这种信件一个接一个送到我手里，使我不免受宠若惊。经过与《展望》杂志协商，该杂志同意我出版单行本，以满足广大读者的需求。我真的非常感动。

在创作的过程中，我尽量采取平铺直叙的方式，不添加任何修饰，保持事件或者生活的原貌。但令我遗憾的是，我竭力想写的文章，竟有些失败。我的大部分时间和精力要用来主持特斯克基师范工业学院的工作，还要经常外出筹措必需的款项，以维持这所学院的运转。多数内容都是利用火车上、旅馆里、火车站上等车的时间，或乘校务稍可偷闲之际所写。在写作过程中，麦克斯·班奈特·斯拉希尔先生鼎力相助，对全部文章进行了梳理，润色，着实使本书增色不少。在这里对特斯克基师范工业学院广大同事以及热心支持、帮助该校成长的各阶层人士表示诚挚的谢意。

我们为什么要上学

奥巴马

同学们好！今天，你们过得幸福吗？现在，我正待在弗吉尼亚州阿林顿郡韦克菲尔德中学，和这里的高中生一起庆祝开学的第一天。我知道，全国各地的学生，从幼儿园到高中的所有学生，都在透过电视机关注着这里，我很高兴和大家共同分享这个幸福的时刻。我很清楚，对于你们中的大部分人来说，今天是你们升入幼儿园或者中学的第一天，也是你们面对新学校的第一天，因此，如果你们感觉紧张或者不安，这是非常容易理解的现象。我想，毕业班的许多学生正在为了最后一年的冲刺而努力奋斗。不过，无论你的年纪多大，无论你在哪个年级就读，许多人依然希望现在是放假时期，不用早早地起床去上学。我能够理解大家的心情。

小时候，我们家有好几年是居住在印度尼西亚的，我妈妈由于没有足够的钱送我去美国孩子们读书的学校，所以只好亲自教我，时间是星期一到星期五每天凌晨 4 : 30 开始。当然，我很讨厌那么早起床，很多时候我在厨房的桌子上又睡着了。每当我抱怨的时候，妈妈总是重复同一句话："小鬼，你以为教你是一件轻松的事情吗？"因此，我可以理解你们中的大部分人需要一些时间去适应学校的生活。今天，我来到这所学校，是为了和大家讨论一些重要的事情。

我要和大家讨论一下教育问题，以及在新的学年中你们应该做的事情。我参加过许多次关于教育的演讲，常常使用“责任”这个词语。我说过，教师的责任是激励和启迪学生，督促你们的学习；家长的责任是监督你们好好学习、认真完成作业，不要沉迷于看电视或者打游戏中。我还多次说过政府的责任是制定高标准，协助老师们和校长们做好教育工作，努力改善有些孩子得不到应有的教育的现状。即使这些都达到了最高的要求，你们有尽职尽责的老师、最棒的家长、最好的学校，如果你们不想履行自己的责任，那么，所有的努力都会付诸流水。你们只有按时上学、认真听课，把父母和长辈的话牢记在心，付出所有的努力去学习，这一切才会有意义。这就是我要演讲的主题：在教育中，你们每一个人应该履行的责任。

首先，我要说一下你们对自己应该承担的责任。你们每一个人都有自己擅长的事情，人人都是可用之材，你们的责任就是去寻找自己的才能，而教育就是帮助你们发现自己才能的阶梯。也许，你能够写出优美的文章，甚至可以在报纸或者杂志上发表，但如果你没有常常练习写作，你就不会发现自己的才能；也许，你可以成为伟大的发明家、创造家，设计出像现在的 iPhone 一样有名的东西，或者研究出新的药物和病毒疫苗，但如果你不在实验课上多做几次试验，你就不会发现自己的天赋；也许，你能够成为杰出的议员或者优秀的法官，但如果你不加入社团或者参加辩论赛，你就不会发现自己的长处。而且，毋庸置疑的是，无论你将来想要成为什么样的人，你都需要接受现在的教育。不管你是想要成为医生、教师、法官，还是想要成为护士、建筑设计师、律师、军人，无论你选择什么职业，良好的教育都是不可或缺的前提条件。在这个世界上，任何一项工作都是需要努力读书才能实现的，任何工作都需要你付出汗水，参加各种训练，努力学习知识。你们的教育程度不仅决定着你们自己未来的生活，还对我们的国家、甚至整个世界的未来有着重要的影响。

今天，你们在学校中学习到的知识，决定着我们的国家在未来面临各种挑战时的能力。你们在数理、科学课上学习到的知识和技能，可以去治疗癌症、艾滋病等各种疾病，帮助我们解决能源问题和环境问题；你们在历史、社科课上养成的观察能力和判断能力，能够减少无家可归和贫困人口的数量，降低犯罪问题和歧视问题，让我们的国家变得更加美好；你们在各种课程中积累形成的创新能力和思维意识，可以用来创建新型公司和企业，制造就业机会，推动国家的经济发展。你们中的所有人都要发现自己的才能，进而去培养和发展自己的天赋、技能，解决我们现在所面临的各种难题，甚至是将来会遇到的问题。如果你不去这样做，如果你不想努力学习，那么，你不仅放弃了自己的未来，还放弃了自己的国家。

当然，我明白想要读好书绝对不是一件容易的事情。我知道，你们在生活中会遇到各种各样的问题，不能把全部的精力用在读书上。我能够理解你们的想法。在我两岁的时候，我的父亲就抛下母亲和孩子们离开了，我母亲一个人辛辛苦苦地养活我们，有时候我们没有钱支付账单，有时候我们无法得到其他的孩子们都有的东西，有时候我会觉得如果父亲在，我们的生活会好很多，有时候我会感觉到孤单和无助，无法融入到周围的环境中去。因此，我没有办法专心学习，做过许多自己难以忍受的事情，还惹出许多麻烦。我的生活岌岌可危，不知道什么时候就会结束。不过，幸运的是，我在许多事情上都有重新来过的机会，我上大学的时候读的是法学院，为我以后的人生奠定了基础。我的妻子（米歇尔·奥巴马）的故事和我的非常类似，她出生于普通的家庭，父母都没有上过大学，也没有多少财产，但他们都在努力工作，希望自己的孩子能够有机会去最好的学校读书。也许，你们中的有些人缺乏接受教育的条件；也许，你没有提供经济支持的长辈；也许，你的父亲或者母亲没有工作，家中的生活比较拮据；也许，你居住的社区有很多问题；也许，你认识一些给你带来不良影响的朋友，等等。不过，无论你的生活状况如何，这些都不是忽视学业的借口，也不是态度恶劣的理由，更不是你顶撞老师、逃课、辍学的借口。你现在的生活状况的好坏，并不能决定你的未来。在美国，没有人为你编织命运，你的命运掌握在自己的手中，你的未来要自己去创造。在这片土地上，有千千万万的人和你有着同样的境遇，他们正在用自己的努力去创造自己的未来。

在德克萨斯州罗马市的贾斯敏·佩雷兹（Jazmin Perez），在刚刚进入学校的时候，她连英语都不会说，因为她居住的地方几乎没有人读过大学，她的父母只是普普通通的人，都没有接受过高等教育，但她一直在努力学习，不断取得优异的成绩，依靠奖学金进入布朗大学读书，现在正在攻读公共卫生专业的博士学位。还有加利福尼亚州洛斯拉图斯市的安多尼·舒尔兹（Andoni Schultz），他三岁的时候得了脑癌，此后一直在与病魔作斗争，熬过一次次难以忍受的治疗和手术。而且，某次的手术对他的记忆造成了影响，所以他要花费比正常人多得多的时间去学习，但他从来没有放弃自己的学业。现在，他马上就要进入大学读书了。在我的家乡伊利诺伊州芝加哥市，香特尔·史蒂夫（Shantell Steve）是一个孤儿，被许多个家庭收养过，从小生活在治安很差的地区，但她凭借自己的努力，得到在当地保健站工作的机会，创建了一个让青少年远离犯罪团伙的项目，当她以优异的成绩从中学毕业之后，接着去大学读书。贾斯敏、安多尼、香特尔和你们一样，他们的生活也面临着各种困难和问题，但他们没有自暴自弃，他们选择承担自己的责任，克服重重困难去接受教育，为自己的人生目标去奋斗。

我希望你们也能像他们一样，努力承担起自己的责任。今天，我希望你们能够为自己的学习制定一个目标，然后尽自己的一切努力去实现这个目标。当然，你的目标不一定非常远大，可以是很简单的近期目标，例如，按时完成作业、认真听课、每天阅读一些东西，或者参加某些课外活动，或者在社区担任志愿者；或者帮助那些由于长相、出身等原因遭受嘲弄、耻笑的孩子，维护他们的权益，因为你认为每一个孩子都应该受到尊重，拥有一个安静的学习环境；或者你学会好好照顾自己，为了美好的将来努力学习……除此之外，我希望你们能够常常洗手，注意自身卫生，如果身体不舒服的话，就要在家里好好休息，以免在秋冬感冒高发季节得了流感。不管你的目标是什么，我希望你能够坚持下去，下定决心去实现。

我知道，有些电视节目会带给你某种错觉，好像不用付出努力就可以成为百万富翁，或者是成为名人——只要会唱歌、会打篮球，或者参加一次真人秀节目，轻而易举就能够实现目标，享受成果。但是，现实是残酷的，你不可能走上其中的某条道路。因为成功绝对不是一件简单的事情。你不可能对每一门课程都感兴趣，也不可能和每一位任课老师的关系都非常好，更不可能每次都遇上和现实生活有着密切关系的作业。而且，并不是每件事情都能够做一次就获得成功。不过，这根本不是问题，因为这个世界上最成功的人经历的失败往往最多。J.K. 罗琳编写的第一本《哈利 • 波特》被拒绝 12 次之后才出版；迈克尔 • 乔丹在高中时被篮球队拒绝，他在职业生涯中经历了几百次失败，你们知道他是如何看待这些失败的吗？“一次又一次的失败造就了我现在的成功。”他们之所以能够成功，那是因为他们明白不能被失败打倒，而是要学会从失败中吸取经验。失败可以告诉你下一次努力的方向。

如果你惹了麻烦，并不能说明你是一个坏孩子，而是在告诉你需要对自己有严格的要求；如果你的考试成绩不理想，并不能说明你不如别人聪明，而是在告诉你需要花费更多的时间去学习。任何人都不是出生的时候就有擅长的事情，只有努力学习才能培养出技能。没有人在第一次接触体育活动时就是学校的代表，没有人在第一次唱歌的时候就能唱对每一个音，一切都需要慢慢练习，因为熟能生巧。学业也是如此，也许你要反复运算一道数学习题才能找出正确的答案，也许你要重复阅读一段文字好几遍才能明白它的含义，也许你要反复修改一篇论文好几次才能符合要求，这些都是正常现象。不要不好意思提问，也不要羞于向他人请教，我一直在这样做。求助并不代表懦弱，相反，它说明你能够意识到自己的不足，并愿意去弥补。因此，当你有困难的时候，积极地向他人求助吧，父母、长辈、老师、教练、辅导员都是很好的对象，在他们的帮助下，你可以更好地向着目标前进。你要牢记，即使你的表现不好，即使你对自己丧失了信心，即使你身边的人都放弃你了，你也不要放弃自己，永远不要！因为在你放弃自己的同时，也放弃了自己的国家。

美国不是一个遇到困难就会放弃的国家，在这个国家中，人们会坚持到底、加倍努力，每一个人都会为了自己所爱的国家尽最大的努力，不会给自己留有任何余地。二百五十年前，有一批和你们一样的学生，他们凭借自己的努力，通过一场革命创造了这个国家；七十五年前，有一批和你们一样的学生，他们凭借自己的努力，战胜了经济萧条，赢得了二战的胜利；二十年前，有一批和你们一样的学生，他们凭借自己的努力，创立了 Google、Twitter、Facebook，改变了人与人之间的交流方式。现在，我想问问你们，今后你们会做出什么样的贡献呢？你们能为国家解决什么问题呢？你们能够发明什么东西呢？几十年或者几百年之后，如果那时的总统也来进行一次开学演讲，他会如何描述你们对这个国家的贡献呢？你们的家长、老师和我，我们都在尽自己最大的努力，确保你们能够接受最好的教育，为这几个问题找到最好的答案。例如，我正通过自己的努力为你们提供更安全的教室、更多的书籍、更先进的设备。不过，你们也要承担自己的责任。现在，我要求你们在今年认真读书，尽全力做好自己身边的每一件事，每一个人都能学有所得。请你们不要让我失望，也不要让你们的家长失望，更不能让你们自己失望。你们要让我们觉得骄傲和自豪，我相信你们一定可以做到。感谢大家来听我的演讲，愿上帝保佑你们，保佑美国。

—目 录—

第一章　无法选择的童年生活

任何一种制度，只要和国家的经济、社会生活发生了关联，要想把它取消，绝不是一件容易的事情。等到我们排除了自己的偏见，排除了人种的情绪，正视存在的事实的时候，我们必须承认，尽管奴隶制度是残酷的，不义的，这些本身或祖先受过美国奴隶制度残害的：一千万生活在美国的黑人，在物质、知识、道德、宗教各方面，都比全球任何一地同等数目的黑人要强出许多。

第二章　梦想有多远

在我渐渐长大的过程中，我常常想象那些理想和活动不受丝毫限制的白种男孩的感觉和雄心。我常常羡慕他们，因为出身和种族的先天条件，他们要成为国会议员、州长、主教或总统，丝毫没有障碍。我常常设想，在我自身条件不利的现实情况下，我要用什么样的方法去努力，我要怎样从最底层开始，力争上游，一直到我获得最大的成就为止。

第三章 幸与不幸之间

来到汉普顿学院，我立刻去见主任教师，请她帮我插班。我很久没有好好吃饭，也没有洗澡、换衣服，所以我给她的第一印象非常糟。我立刻可以看出，她心里已经在忖量，是否应该收我做学生。我觉得，如果她以为我是一个不求进取的无业游民，我真不能怪她。过了好一会儿，她没有拒绝也没有决定录取我，只让我继续待在那里。我想尽方法想让她明白我是个良好的青年。

第四章　难忘的这些人和事

我很多的想法和当时人们普遍认为的一样，以为获得教育就是能让自己过上舒服日子，用不着出苦力去做工。在汉普顿，我不但明白了劳动的真正意义——劳动并不是丢脸的事，热爱劳动，不仅仅为了通过劳动可以获取财富，也为劳动的本身的意义——为养成自立的精神——去帮助别人产生能力，这种能力会养成自立的精神。

第五章　国家在重建时期的失误

找错处容易，说该办到的事没有办也不难，无论如何，那些负责国家大事的人，毕竟做了当时唯一能做的事情。话虽如此，现在我回顾我们获得自由的全部期间，仍然觉得如果尽早拟好计划，使黑人得到相当的教育，或享有一点财产，或教育和财产兼而有之，试试我们运用公民权的能力如何，并且想出一个方法，把这种试验诚实而公正地同样应用到白人和黑人身上，结果一定好得多。

第六章　为自己找到最准确的位置

对于我们这一种族的人来说，比起政治地位的高低，教育、工业训练和产业的根基显得更为重要，我们这更需要朝这些方面做更大的努力。如果我舍弃本种族的需要去谋求政治的成功，即使我获得了成功，我也会觉得这是自私的成功。

第七章　一无所有，却要成就这样的大事

我常常看到在这些人家里摆着一些奢侈的物件。比如花60美元的一笔大款或者分期付款买来的缝纫机，还有花12美元至14美元的华丽时钟。有一户人家放着一架风琴，那是分期付款总计60美元买来的。而我在这家用餐时，我们五个人却只有一把餐叉可以用。一把叉，60美元的风琴！

第八章 务实的美德深入到每个细节里

学生的这种实际状况，使我们的教育目标必须定位在让他们喜欢农业劳动，不能变成游手好闲，被城里的生活吸引，盲目地想仅凭文凭和智慧就可以在城里过活的人；我们不仅仅要使他们大部分具备做教师的能力，不仅仅在智力、伦理、宗教生活方面要有新的能力、新的观念，同时还要让他们回到乡村的大农场里，教农民学会用新的能力、新的观念去种田，这才是他们需要的教育。

第九章 成为两个阶层共同的朋友

在借钱这件事上，我一开始就有一种想法，就是信守诺言，不能有损学校的信用。那位曾向阿穆斯特朗将军推荐我来特斯克基的坎贝尔先生曾经给我的忠告，一直牢记在我心中。他曾经用慈父般的口吻对我说："华盛顿，记好，信用就是钱。"我可以不夸张地说，我践行了我对信用所下的誓言。

第十章 为什么要证明一切皆有可能

我总觉得，人性中有些特质是一个人认识了别人的优点后总会给以认同和报酬，不管这种优点体现在哪一类肤色上。我也发现，看得见、摸得着的东西是化除偏见有效的良方。一个黑人建造出一所做工精美的房屋，比长篇大论地讨论他应该建筑一座房屋，或能够建筑一座房屋要有力量得多。

第十一章　没有什么比自强自立更可贵

特斯克基办学之始，无论是房屋，还是学生自己用的家具，都主张由学生自己动手来创造。而现在的一些学生，真的令我有种说不出来的滋味。他们宁可耐着性子，睡在光秃秃的地板上，也要等待别人来为他们安架好床铺，铺好被褥。

第十二章　资金从哪里来

我用了10年的时间取得了卡内基先生的信任和支持。10年前我第一次向他谈及学校的发展时，他对学校并没有什么太大兴趣。我下定决心，想用学校的发展来证明，我们是值得他来帮助的。

第十三章　为什么不想成为职业演讲家

这是一间宽敞又适宜发表演讲的礼堂。当我走进去时，里面的黑人热烈鼓掌，而白人只有少数几个人做象征性的欢迎。我以前在亚特兰大演讲，虽然有很多白人去听，但他们多是出于好奇，或者带有想看我出丑的心理前去的，真正同情我的人很少。多数人都想着在我演讲失败后，可以向邀请我来演讲的展览会负责人说："我早就跟你说过了嘛！"

第十四章　用什么力量改善种族关系

不管我们怎么想，人性中总有我们抹煞不了的光辉，这种光辉使得一个人到最后不得不正视另一个人的长处，而酬报他，不管他的肤色和种族是什么。

第十五章　不是秘诀的秘诀

我给自己立下规矩，每天的工作不做完，绝不休息。但也有一个例外，在我有一个特别困难的问题要解决的时候，就是那些对于情绪极其有影响的问题，我发现，睡一晚再说，或者等着我有机会和我的太太和朋友谈过了再说是非常好的解决办法。

第十六章　“被”欧洲之旅

当船随着最后的告别声离开了码头，18 年来背负的忧虑、焦灼和责任的重担仿佛也被我甩在了身后，渐行渐轻，这么多年来第一次尝试“无牵无挂”之感——哪怕仅是程度上的说法而已，心灵的轻松难以形容，外加一点，就是期盼，盼望着到达欧洲的欢喜，美丽得恍如梦境。

第十七章　无尚至尊的事业

哈佛大学在英格兰的大学中作出了把名誉学位颁给黑人的创举。任何留心特斯克基的历史以及特斯克基事业的人，都不可能不佩服 B.T. 华盛顿非凡的勇气、坚韧的毅力和卓越的见识。哈佛大学把荣誉颁给这位曾经做过奴隶的人是一项盛举。因为这个人事业的价值和他的种族、国家一样，只有未来能进行评价。

第一章

无法选择的童年生活

没有谁愿意选择卑贱的童年

对于我出生时的情形，没有任何人可以给我一点记忆。不过无论如何，我猜想必于某地某时出世。尽我的能力所及，我知道我生在十字路口叫做海尔氏滩的一所邮局附近，那一年或许是1858年，也可能是1859年。至于具体的某月某日，一直无从知道。我出生时的奴隶身份使得我住在弗吉尼亚州富兰克林郡的一所大农场。我记忆中的最初印象，是大农场和奴隶区——所谓奴隶区，就是大农场里供奴隶居住的木屋的所在地。

在最悲惨、凄凉，也最叫人气馁的环境中开始了我的童年生活。在一间长仅十四尺，宽仅十六尺的小木屋里，住着我的母亲和我们兄妹，这样的居住环境直到内战结束之后，我们都已获得自由的时候为止。我的主人比起别的许多奴隶主来，并不是特别残酷。

对于祖辈，我更是什么也不知道。关于奴隶由非洲被人用奴隶贸易船运到美洲，一路上所受的非人酷刑，在奴隶区我经常听到许多黑人谈起过。我母亲这一系的祖先，自是这些从非洲被贩运过来的奴隶当中的成员。在那个很少有关于黑人族谱的年代，我想找一些关于母亲上一代历史的记载，始终没有成功。只知道母亲有一个异母的哥哥和姐姐。照常理估计，我的母亲被一个奴隶买主注意，这人后来就成了母亲和我的奴隶主。母亲来到奴隶主家里的重要性，与奴隶主家里新添了一匹马或一头牛等同。对于父亲的信息，更是少之又少。就连他的姓名，我都无从知道。唯一知道的，他是一个白种人，靠经营附近的大农场为生。作为父亲，他对我从未有过丝毫的关注，或者略尽教养的责任。在那个时代，他不过是那种制度下的一个不幸牺牲者而已，所以我并没有特别责怪他。

我和母亲居住的小屋，既是卧室，也是大农场的厨房。我的母亲就是大农场的厨子。小屋简陋至极，没有玻璃窗，只在一旁开了一个洞，让光线射进来，也让冬天寒冷彻骨的风吹进来。小屋的那扇极小的门并不能称为真正的门，它的枢纽安得非常不稳，门的裂缝很大。在这样的小屋里居住，谈不上有任何的舒适感。房间里除了透风的洞和门以外，还有两个七寸长、八寸宽的方口子“猫洞”，分别位于房间左右下角，这是内战前弗吉尼亚差不多每一座大厦或小屋都有的装置。“猫洞”是让猫在夜间随意进出的。我一直不明白，就我家的小屋来说，起码有一半的地方可以让猫出入，为什么还要设置这样的“猫洞”。在我们的小屋的泥土地中央，又挖了一个又大又深的洞，上面盖了木板，这洞用来在冬天贮藏山芋。在我的记忆中，这个山芋洞给我留下了很多快乐的记忆。我常在放取山芋的过程中，偷偷弄出两只山芋，然后把山芋烘熟，大快朵颐一番。我们的大农场里没有烧饭用的炉子，母亲替白人和黑奴做饭，只用一只敞口的灶，多数在深锅里和长柄矮脚小锅里煮饭。在这间简陋的小屋里，冬天寒冷刺骨，夏天炉子里的热气令人酷热难耐。

和成千上万奴隶生活的环境一样，我的童年就在那间破陋的小木屋里度过。我的母亲从早到晚为奴隶主忙碌，除了在一大早动手工作之前，夜晚忙完一天工作以后，她很少有时间照管我们兄妹。有一件事留在我最早的记忆当中：有一天深夜，我们兄妹被母亲叫醒，我们面前放着一只烧熟的鸡。母亲叫醒了她的孩子们，只是为了让孩子们吃一个饱。我无从知道这只鸡是怎样被母亲弄来的，只能猜测是从奴隶主农庄弄来的。虽然在今天这可以被定为是一种偷窃行为，并且会受人包括我自己的责备。但放在当时，就母亲的动机而论，谁也不能使我相信我的母亲犯了偷窃罪。她只是奴隶制度下的一个牺牲者罢了。穷遍我的记忆，在《释奴宣言》宣布我们的家庭获得自由以前，我从没有在床上睡过觉，我们也没有一张能称为床的家具。我和哥哥约翰、姐姐阿曼达一直睡在污秽泥地的草垫上，或者说得更准确一些，我们睡在污秽泥地上一堆龌龊不堪的破布烂草堆里。

前不久，有人让我谈谈少年时代的运动和消遣。专心运动和消遣对于我的一生来说，几乎都是空白的。我的记忆都被每天为生存辛苦而忙碌地工作填满，虽然我在童年也很想有游戏的时间，那是每个孩子都渴望做的事情。在做奴隶的时期，我还没有长得够大，不能像成人那样从事一些工作，但是多数时间，仍然是要在院子里收拾，提水给田里的男人，要不然就是每周一次，送谷子到距离农场三里之遥的磨坊去。去磨坊这件事对于我来说是一件很害怕的事。首先要把沉重的谷子口袋抬到马背上，要把口袋两边平均分载着它才不会掉下来；但是不知什么原因，半路上谷子常常会移动，谷子袋两边不平衡，致使我和口袋一起从马背上滑下来。我身单力薄，重新把谷子袋抬到马背上是一件力不从心的事，只有无奈地等待路上有行人过来帮忙。有时一等就是几个钟头，直到有人出现，才能帮我解决困难。年幼的我在等待的时间，除了哭泣，别无他法。这种情况经常发生，所以到达磨坊的时间就会很晚了，等到我把谷子磨好，常是深夜才能回到家里。主人因为我回家误了时间，总是责骂我，甚至用鞭子抽打我。那条从磨坊回家的路很荒凉，穿过丛密的树林时，我总是害怕得要命。据说树林里满是逃兵，人们总是说，逃兵遇到黑种男孩单身一个人的时候，就会抓住他并且割下他的耳朵。这更是让我胆战心惊。

在幼年和早期的少年时代，我们全家从未有过像文明人那样，全家坐在桌前，先求天父降福，然后一起用餐，享受像样的美食。在弗吉尼亚大农场中，我们小孩子吃饭就和不会说话的牲畜差不多，这里吃一片干面包，那里吃一小块肉，偶尔喝一杯牛奶，有时吃一些番薯。家里没有任何称得上餐具的东西，有时家里一些人就着长柄矮脚的小锅或者深锅吃点东西，而另一些人就把食物盛在洋铁盘子里放在膝盖上吃。吃饭的方式常常是什么也不用，用手直接拿起食物往嘴里送。我由小屋被派到“大屋子”里做活，是我的身材长得足够高的时候。我负责在主人吃饭的时候用滑车拉一大叠纸扇赶苍蝇。有一次，我看到我的两个年轻的女主人和她们的几个女客在院子里吃姜饼。那时候，那些姜饼对我说来绝对是我所见过的最诱人、最值得弄到手的东西了；我在那时那个地方下了决心：如果有一天我获得了自由，我能够弄到姜饼，照我看到的那些太太们的样子吃姜饼，我最大的愿望就达到了。

我的第一双鞋子是用木头做的。这双鞋子穿在脚上极不方便，虽然鞋的上部有点粗皮革，但约有一英寸厚的木头鞋底，在我走路的时候，就发出令人无法忍受的响声。同时鞋子对脚有很大的压力，一点柔韧度也没有，让脚非常受罪。这样的鞋子，样子自然是难看得出奇。

在我们的大农场，奴隶穿的衣服多是用亚麻做的衬衫，当然大部分是亚麻的废料，也就是最廉价、最粗糙的那一部分。我的身份是奴隶男孩，只有麻布衬衫可供我穿。穿这种衬衫是最令我受罪的了。第一次穿一件新的麻布衬衫令我疼痛难忍，使我感觉可能除了拔牙，再没有让人如此难以忍受的非刑了。那种疼痛几乎和被许多栗子的芒刺，或者上百根细的针尖刺在肉上所感受到的疼痛一样。我的皮肤柔软细嫩，这更加深了疼痛感。这种疼痛感的记忆直到今天我依然没有忘记。我的身份令我没有其他选择，只有这种麻布衬衫可穿。我宁愿什么都不穿，也不想承受这种刺人的疼痛，但我没有权利可以选择什么都不穿。一直等到我长到大男孩了，我唯一的服饰依然是这样的衬衫。有一次，大我几岁的哥哥约翰对我有过一段最仁厚的举动，令我终生难忘。那次我不得不穿一件新麻布衬衫，约翰好心替我先穿了几天，等这件衣服被他磨软了一些再让我穿。这样的事在奴隶之间，虽是至亲骨肉，也并不多见。

接受教育对于像我这样的奴隶孩子来说，简直就是天方夜谭。虽然我要替我的小女主人背书包，有几次我也走到学校的门口。几十个孩子在教室里上课的情景，给我留下了很深的印象，我觉得进了学校，像这样读书，简直和上天堂差不多。

从“谣言”中也能得到真相

根据我的记忆，我最早知道我们奴隶的自由正在讨论之中的情形是这样的。有一天，天边还未露晓，母亲的声音把我惊醒了，她跪在地上俯视着儿女，同时热切地祈求林肯和他的军队能够获胜，这样她和她的儿女就有获得自由的希望。关于这件事，有一点令我很费解：整个南方的奴隶都没有接受过什么教育，对于书报根本一无所知，何以能够准确地彻底知道这件举国骚然的国家大事呢？从加礼森、罗夫杰以及其他的人开始宣扬自由起，所有南方的奴隶都在关注解放黑人奴隶运动的进展，并和这一运动始终保持密切的联络。虽然那时我还只是一个小孩，但却清楚地记得我母亲和别的大农场上的奴隶常常在夜间交头接耳讨论的情形。这些讨论证明他们了解当时的情况，他们靠当时称为“谣言”的电报，不断获得事件发展的情形。

我们这个大农场非常偏僻，距离任何铁道、大城市、或日报能够发行到的地方都很远。但这里的奴隶们却都知道林肯初度竞选总统的情况，争论的是什么。等到南北的战事发生，我们大农场上每一个奴隶都觉得、也都知道，虽然别的问题也在讨论着，主要的一个问题是奴隶问题。在这个遥远的大农场里，即使是我们这个种族里最无知的人也都明白，如果南方的军队获得胜利，奴隶获得自由就会变得遥遥无期，他们对这一点非常清楚，丝毫不存怀疑。因此北方军队的每一个胜利、南方军队的每一次败绩，他们都密切注意，时刻关注。奴隶得到战事的消息常常由被派到邮政局取信的黑人那里听来。邮政局距离我们的大农场约有三英里远，邮件每星期来一次或两次。被派到邮局去的黑人总在那里逗留一些时候，听聚在那里的白人在收到信以后，讨论最近发生的战事。取信人把谈话的大意听清楚才肯离去。在回到农场的途中，自然就会把他听来的消息在奴隶间传播，这样一来，他们常常比住在“大屋子”（主人的屋子）里的白人更早听到重要的新闻。

这个时候，白人谈话的内容多是关于自由和战争的，我自然也就把这些都记在了脑子里。许多白人也都认为，如果战争这样拖下去，那么连他们吃的东西也很难弄到了。我想，奴隶们感觉饥饿的痛苦，要比白人轻些。因为奴隶平时吃的就是玉米面包和猪肉，这些东西大农场都可以自产；白人吃惯了的咖啡、茶、糖，以及其他的食品，大农场就没有办法生产出来，而且当时战事紧张，买到这些东西非常困难。白人因此每每大感苦恼。他们用烘焦的玉米来充咖啡，用一种黑糖浆来代替糖。许多次根本就没有东西可以用来把这种所谓茶和咖啡弄出甜味来。

仇恨能扼杀宽容吗

从我前面的叙述中，有人可能由此判断，我们这些奴隶对白人怀着憎恶感，因为大多数白人都去打仗了，而如果南方取得胜利，结果仍然会是我们黑人做他们的奴隶。但我们这里实际的情形并不如此。在南方奴隶当中，那些受到相当尊重的奴隶，对主人是少有憎恶感的。在内战中，我的一个少主毕利少爷阵亡，两个受了重伤。当奴隶听到毕利少爷的噩耗时，都感到非常悲伤。这并不是虚假的慈悲，而是发自内心的真情实感。有些奴隶虽然害怕过毕利少爷，但在他小的时候，和他一起玩过。毕利少爷在工头或奴隶主痛打奴隶的时候，曾替人求过情。奴隶区里悲哀的情绪仅仅次于“大屋子”里他的家人。在另外两个少主受伤回家以后，奴隶的同情心在很多地方有所表现。他们和受伤主人的家属一样，急于帮忙照看。有些奴隶甚至要求让他们夜间伺候那受伤的主人。

身为奴隶的人而肯如此厚道、有同情心，完全是因为他们天性仁慈、慷慨。这种厚道和同情也表现在白种男子出征离家后，为了保卫留在大农场里的妇女和儿童，奴隶全力以赴，就算赴汤蹈火，也在所不惜。男主人不在家，被主人选定住在“大屋子”里的奴隶，在其他奴隶那里被认为是很荣幸的事情。任何人要想在夜里伤犯“小姐”或“太太”，除非把那个奴隶除掉才能下手。奴隶对主人的这种忠心我不清楚有多少人了解。不过我想，无论在奴隶时代，还是在获得了自由以后，我们这个种族的人辜负别人特别托付的事，都是极为罕见的。这一品质是真真切切存在的，也终会被人发现的。

在战前和战争时期，我们这个种族的很多人不但没有怀恨白人，而且在战后很周到地照顾他们落魄了的主人。这样的例子非常多。这些主人变穷以后，失去了生活的能力，要依赖别人而活下去。许多年来，很多黑人尽管自己生活境况一般，但却不忍看从前的主人受苦，一直拿钱资助他们的主人，使他们的主人免受生活的困苦。甚至有一些黑人还帮助从前的主人教育他们的后人。在南部的一个大农场，有一个年轻的农场主的儿子，整日嗜酒，不能自制。无所事事的少主人使家产荡尽，成了一个可怜虫。大农场里的黑人尽管自己很穷，却还是不断把生活必需品送给这个年轻的少主人。只要是黑人有的东西，比如一点咖啡或糖，一点肉等等，没有什么东西是舍不得给“汤姆老爷”的儿子的；只要任何直接或间接认识“汤姆老爷”的人还在当地，便绝不能看着这位年轻的少爷受苦受罪。

我前面说过，我们这个种族的人辜负别人特别托付的事是罕有的。我再讲一个事例。前不久，在俄亥俄州一个小城里，我与一个从前在弗吉尼亚做过奴隶的人相遇。这个人和他的主人曾在宣布《释奴宣言》的两三年前签了一个契约，内容是：这个奴隶获得准许，可以每年付若干金钱把自己买下来，直至完全赎身；在他出钱赎买自己的时候，主人不限制他在哪里、为谁而工作。这个人发现在俄亥俄州可以赚到更多的工钱，他就决定到那里去工作。等到《释奴宣言》宣布时，他还欠旧主人三百来块钱。按《释奴宣言》的规定，他对旧主人已经没有任何义务，债务已经解除，但他仍然步行一大段路，回到弗吉尼亚，把全部欠款连同利息，一分不少地给了他的旧主人。他和我谈到这件事的时候，他说他知道可以不去还债，但是他与主人订立了契约，他从不违背自己的诺言。他认为，如果自己不把曾经的诺言实践，就不能充分享受自由带来的快乐。

制度的利与弊

从前面说的奴隶对待奴隶主的善心举动，可能有人会由此认为，这些奴隶并不需要自由。这是不对的。我从来没有看到过一个不需要自由的人，也没有看到过一个愿意重做奴隶的人。我从内心可怜和同情任何国家或任何人群团体，不幸陷于奴隶的罗网里的人们。他们在这种制度里不能自拔，受苦受难。虽然南部的白人陷我们种族的人们为奴的境地，我却久已不存怨恨白人的心思。在这个国家，对奴隶制度的开端，没有哪个区域的人应该负完全的责任，况且中央政府承认和保护这个制度已多年。任何一种制度，只要和国家的经济、社会生活发生了关联，要想把它取消，绝不是一件容易的事情。等到我们排除了自己的偏见，排除了人种的情绪，正视存在的事实的时候，我们必须承认，尽管奴隶制度是残酷的，不义的，这些本身或祖先受过美国奴隶制度残害的，一千万生活在美国的黑人，在物质、知识、道德、宗教各方面，都比全球任何一地同等数目的黑人要强出许多。有一种现象，美国黑人本身或祖先受过奴隶制度的教训，却不断回到非洲传教，教导那些留在祖国的同胞，由此可见美洲的黑人进步到什么程度。我这样说，并不是认为奴隶制度正当，恰恰相反，我认为这个制度是罪恶的。我们都知道，这个制度是建立在那些自私，想发财的人的基础上的，他们的本意并非为了向黑人传教。现在如果有人问我，在那看起来绝望的令人灰心的情况之下，为什么我对这个国家里我的同胞的未来，会有如此的信心，我就会说，上苍极其慈悲，他把我们从旷野之中引领出来。

等到我渐渐长大，知道为自己的未来设想以后，我就有了一种认识，认为不管奴隶制度对我们多么残忍，从这一个制度中黑人所得到的，并不比白人少多少。并不只是黑人承受了这个制度的害处，白人也同样身受其害，只是方式不一样而已。从我们大农场上的生活情景中就可以看得出来。在奴隶制度下，惯于把劳动被人认为是没有身份和地位低劣的象征，因此无论是黑人，还是白人，都极力谋求逃避劳动。这种奴隶制度，简直把白种人的自立和自助的精神全部剥夺殆尽。奴隶主人和他们的子女没有一技之长，在这种制度下他们不知不觉之中养成了一种观念，认为体力劳动不是他们应该有的。我的旧主人生了许多儿女，他们终日游手好闲，无所事事，没有一个精通一门谋生的技艺。女孩子不学烹饪、缝纫，也不学管理家务，所有这些工作都交给奴隶。另一方面，奴隶在许多情形之下学会一行手艺，谁也不以劳动为羞而有所懒惰。但奴隶对于大农场的劳动，并不感兴趣，他们的无知使他们无法学会按照先进高效彻底的方法工作。于是农场里常是一副杂乱落败的样子：失修的篱笆墙，半悬在枢纽上的大门，门枢吱吱咯咯作响，玻璃不全的窗户上，剥落了的灰泥没有补好，野草丛生的院子。如此的种种情形是实行这种制度的后果。一般说来，家庭本应该成为世界上最方便、最舒服、最有吸引力的地方，但奴隶主和奴隶的屋内餐桌上都缺少那样的美味和讲究气氛，尽管白人和黑人都有饭吃。到了自由来临的时候，黑人和白人同样都需要适应过新的生活，当然，黑人是不能和白人在书本上的学问和产权方面抗衡的。

为什么胜利后反会感到失落

当战争结束时，我们一直期待着的自由日子就到了。自由的空气几个月来都可以呼吸得到。每天我们都能看到回家的逃兵，那些被遣散的人或是宣誓后获释的士兵，不断走过我们这里。“谣言电报”昼夜不断。重大事件的新闻和议论，从一个大农场传到另一个大农场。白人因为害怕“北佬”的侵略，就把“大屋子”里面的银器和别的贵重物品拿了出来埋在了树林里，并由可靠的奴隶看守着。如果有想碰这些埋藏着的宝物的念头和行动，准要倒霉的。奴隶愿意给“北佬”大兵任何东西，包括食物、饮料、衣服。但主人相信他们，特别交给他们看管的物品，却绝对不许任何人染指。

那伟大的日子越来越接近了，奴隶区里的歌声比平时更多了起来。歌声愈来愈响亮，常常唱到深夜还不停息。大农场上多数的歌词愈来愈雄浑有力，总是多少关乎到自由的内容。这些歌他们从前也唱过，只是那时他们总是小心地说，这些歌里讲的自由，是指死后灵魂的自由，和现世的生活无关。现在他们渐渐敢于撕开伪装，不担心白人知道歌里所说的“自由”，就是指的当世身体所应该享受的自由。

在重大日子的前一天，有消息传到了奴隶区，说是明天早上，“大屋子”里要发生异乎寻常的事件。那夜谁都难以入睡。大家都很兴奋，带着热切的心情渴盼第二天早点到来。第二天一大早，所有的奴隶，不分男女老少，都接到命令，要到大屋子里集合。我和母亲、哥哥、姐姐，以及一大群奴隶，一同到主人的“大屋子”里去。主人家所有的人不是站着，就是坐在屋子的走廊上。他们在那里可以看到发生什么事情，听到说些什么。他们的脸上都露出很关心的表情，并夹杂着悲惨，但是没有恶意。我此刻记得，他们给我的印象，并不像因为财产的损失感到伤心，倒是像因和他们亲近的人分别而格外悲伤。因为这些亲近的人曾无条件地供养过他们。关于那天的情形我记得最清楚的是，有一个可能是美国官员的陌生人作了短短的一篇演说，然后读了一篇很长的文件，这文件我猜大概就是《释奴宣言》。然后最激动人心的时刻到了，他说，你们全是自由的人了，什么时候想要离去，喜欢到哪里去，都随你们自己的意愿。这时，站在我身旁的母亲俯下身来，激动地亲吻她的儿女，欢喜的眼泪从母亲的面颊上流了下来。她对我们解释自由的意义，并说这一天她祈祷了很久，并终于获得，她曾担心自己等不到这一天的来临。

那一刻大家激动万分，表示感恩，欢喜得有些发狂。可是对白人并没有报复仇恨的心思。正相反，对于旧主人，奴隶们抱有怜悯之情。获得自由后的黑人狂欢并没有持续多久，只一会儿工夫，我发现他们回到自己的小屋的时候，那种狂喜的感觉就有了些变化。获得自由也意味着自己要肩负伟大的责任，自己的事要自己来管理，自己和儿女的未来需要自己来设计实施。这些事对于长期被奴役的人来说，都让他们感到茫然。就好像把一个一直在父母呵护下成长的十一二岁的孩子猛然推向社会，让他自己去谋生一样。胜利来得这么快，和盎格鲁·萨克逊民族几个世纪以来想尽办法要解决的问题相比，奴隶们需要几小时之内去解决它。家庭、生活、工作、养育和教育子女、公民的身份的确定、建立教会和维持教会等问题都摆在了自己的面前。几小时的狂欢平息下去后，奴隶的心中反而蒙上了一层深愁，这种现象是不是让人很不能理解呢？一些人认为，获得自由的结果似乎并不像预期想像的那么美好。对于那些已至耄耋之年的奴隶来说，他们已经失去了最富劳动能力的时光。他们知道即便有能力找到一个新的居住地，也没有力量靠劳动生存下去。未来对于他们来说，并不是那么的美好。此外，他们和旧主人已经共处差不多半个世纪，在他们内心深处，那种对旧主人和他的家人的扭曲的依恋情感依然还在，他们很舍不得立刻断绝这种关系。分离对于他们来说并不是容易做得到的事。这些年长的奴隶便偷偷地一个一个从“小屋子”跑回“大屋子”，和从前的主人悄悄地商量将来的计划。

第二章

梦想有多远

对自由的“体验”

获得自由以后，大农场里几乎所有的人都想去做两件事：一件是他们要为自己改名换姓；另一件是离开曾经为奴的大农场，哪怕只是几天或者几个星期也好。这样才能真切体会一下自由的感觉。在整个南方，这两件事基本是确实的。

对于改名换姓一事，黑人普遍感觉姓奴隶主的姓是非常不当的。许多黑人为了给自由打上第一个记号，便采用了别的姓。为奴的黑人多数都叫“约翰”或“苏森”，如果有一次宝贵的机会要同姓一起称呼。“约翰”或“苏森”也是属于一个姓“哈切尔”的白人的，有时称他“约翰·哈切尔”，更多时候称他“哈切尔家的约翰”。这不是一个自由人应该有的称呼，所以那些称“约翰·哈切尔”的人把姓名改为“约翰·S·林肯”或者“约翰·S·切尔曼”，字母S并不代表什么名字，不过是黑人自己冠名的一部分而已。

对于离开农场外出一段时间一事，奴隶主要是想验证一下自己可不可以自由地离开农场。体会到这种滋味以后，一些奴隶特别是许多年老一些的奴隶，都回到他们的老家来，和从前的奴隶主重新签订了契约，在原来的大农场住下来。

我母亲的丈夫，也就是我和哥哥的继父，不属于我母亲所属的奴隶主。平时他很少来我们的农场。一年中我记得大概只是圣诞节前后看到他一次。在战时他设法逃走，跟北军到了新州西弗吉尼亚。《释奴宣言》宣布后，他给母亲传信，让母亲带着孩子到西弗吉尼亚的坎那达谷去。那时从我们居住地越过大山到西弗吉尼亚不是一件容易的事。我们把极其简单的家当装在一辆三轮马车上，到坎那达谷有几百英里，很多不平的山路需要我们徒步行走。

对我们姐弟来说，从来没有离开大农场出过远门。第一次外出去另外一州，是我们家的一件大事。此外，和从前的奴隶主以及自己同种族的人告别，也令我们全家人平添许多伤感。从离开农场起，我们和旧主人一直保持通信联络，一直到旧主人去世，从未中断过，后来和旧主人年轻的后辈也保持着接触。

我们走完全程用了几个星期，期间多是睡在露天的地方，在户外架上木柴取火烧饭。有一天夜晚，我们在一所没有人住的木屋附近露营，母亲想在屋里生火煮饭，然后在地上铺草垫准备睡觉。正在火要生起来的时候，从烟囱里爬出一条足有一码半那么长的黑色大蛇，我们全家吓得惊慌失措，立即离开了那个小屋。经过几天的跋涉，我们终于到了一座名叫麦尔登的小镇，离现在这个州的首府查理斯顿约有五英里路。

在西弗吉尼亚开盐矿是很大的工业，小镇麦尔登就位于这座盐矿的中心。我的继父已经在盐矿里找到了一份工作，又找了一间小屋给我们住。这间小屋比起我们在弗吉尼亚大农场上的旧屋还要糟糕一些。原来的小屋虽然简陋至极，但我们在屋外随时能呼吸到新鲜的空气。我们的新房子挤在一大堆小屋当中，那时小镇上还没有卫生管理，小屋周围的污秽简直令人作呕。周围的人或者是醉鬼，或者是最贫穷、最无知又堕落的白人。这样一群杂七杂八的人凑在一起，喝酒、赌博、吵嘴、打架，还有令人不耻的不道德行为成为常事。所有住在这个小镇上的人多少都和盐矿有关。虽然我还是一个未成年的孩子，我的继父还是把我和哥哥送到一个盐矿厂里去工作，为此我经常不得不在早上四点钟就起来工作。

求学之梦

我最初对于数字的认识，就是在盐矿厂里工作学到的。那时每一个装盐的人都有一个大琵琶桶，桶上写有一个号码。我继父的号码是“18”，完成一天的工作后，工头就跑过来，在我们的桶上写上“18”，没多久，在别的地方看到“18”，也便认识了。又过了几天，我就会写那个数字。但是其他的数字和字母对我来说还是陌生的。

从我有记忆和对事物有思考能力起，对于学习读书，我就有了特别强烈的欲望。还在孩童时代，我就想过，就算我一生做不成什么事，也要想办法得到一点教育，至少能阅读普通的书和报纸。在我们的新家安定下来后，我让母亲帮我弄本书来学。我不清楚母亲用了什么办法，她最终把一本旧的韦伯斯特的“蓝背”拼字书放在了我的手上。我欣喜若狂，开始贪婪地看着属于我的第一本书。书里面有字母，字母后面附着毫无意义的“ab”“Lha”“ca”“da”等。曾经有一个人对我讲过，学字母是读书的第一步，在找不到任何老师的情况下，我想方设法用尽所有的努力去学字母。

那时我们这一种族的人，没有一个人会读书，而我天性胆小，从不敢主动去请教任何一个白种人。在几星期之内，我用心把大部分的字母学会了。对于我想尽方法要学会读书这件事，我母亲的态度和我一样，她同情我，支持我，尽她自己的全部力量，为我提供方方面面的帮助。虽然我的母亲没有任何书本上的知识，但她是一位很有远大志向、有见识和胆量的母亲，任何困难似乎都难不倒她。对自己的子女她怀有很大的期望。如果我的一生还算有一点点成就的话，那首先要归于母亲对我的影响。

在我极度渴望获得教育时，有一位名叫麦尔顿的黑人青年来到了这个小镇。他曾在俄亥俄州读过书。本地黑人知道这个年轻人读过书后，就找来了一份报纸来请他念。以后每天工作完毕的时候，麦尔顿的身边就围着一群人，有男有女，大家都很急切听他读那报纸上刊登的新闻。麦尔登对于渴望读书的我来说，是一位非常值得羡慕的人！在我看来，这世界上所有的人中只有他值得因所学可以面露骄傲。

正在这时，我们一个族里的一些大人开始讨论，为了本族里的孩子教育问题该做哪些事，开办一所黑人孩子的学校是第一要务。因为这是在弗吉尼亚开办第一所黑人儿童学校，所以在当地成为一件大事。对于开办学校的讨论，也引起了极广泛的关注。而最为难以解决的问题是：到哪里去找一个老师呢？大家考虑过麦尔顿，不过他的年龄又不适合当老师。恰在此时，另一个黑人青年从俄亥俄州来到小镇。他当过兵，不久大家知道他受过很多的教育。于是大家请他来当这所学校的老师。那时在我们那里，还没有开办黑人读书的免费学校。对于老师的薪酬，由每家每月出点钱提供给老师。老师的用餐，则是在每个学生家里轮流吃饭一天。对于老师来说，这是一个好办法。每位学生的家里在迎接老师来用餐的那天，都拿出最好的食物招待他。我总热切地盼着“教师日”这一天轮到我们的小屋。

这件整个种族的人开始第一次去上学的事情，成为研究种族发展最有趣的问题之一。没有亲身经历奴隶制度的人，是不能够体会我们这个种族的人当时对教育所表现出的那种强烈渴望的感觉的。当时，我们那个种族的人男女老少都想法要进学校去读书。只要能请到老师来授课，学校不论白天还是夜晚都挤满了学生。年纪老些的人想去学习，是因为他们想在离世之前，能够自己阅读《圣经》，这是他们最大的心愿。有了这样的愿望，50 岁到 75 岁的男男女女常常在夜校里出现。主日学校在自由以后也成立了。不过这种学校里主要教的书是拼字书。日校、夜校、主日学校的教室总是坐满了学生，显得非常拥挤，常常有些人因为没有空额向隅而叹。

在坎那达谷虽然成立了学校，一生中最令人痛苦的一次失望却向我袭来。我在盐矿工作已有数月，我的继父发现我能赚来以后养家的钱财，便不同意我去上学，让我留在矿上继续做工。 这对我来讲，无疑是生活的阴影。当我在工作的地方看到那些儿童在上学和放学的路上快乐地来来去去的情景，我的失望便会加深一层，自己分外难过。虽然失望，我却没有颓废，暗下决心，无论怎样艰难，都不能放弃学习。我比平常更加用心，把那本“蓝背”拼字书里教的，都认真地熟记在心里。

对我的失望，母亲极为同情，给我很多的安慰，并想尽方法帮我寻求学习的机会。过了一段时间，一位教师同意在我做完一天的工作后教我一些书，这是我求之不得的好事。对于得来不易的学习机会，我加倍地珍惜，我在晚上学的比其他孩子白天学的还要多。我在夜校的经验使我对夜校的学习有了信心，凭借这些经验，使我后来在汉普顿和特斯克基能够学有所用。可是我当时的心思还是放在了日校上，只要有机会我就想进入日校学习。最后我终于得偿所愿，可以去日校学习几个月，不过学习期间还是要早上到矿上工作到 9 点，晚上放学再到矿上工作两小时。

学校离盐矿有一段距离，我早晨下工的时间和学校上课的时间都在 9 点，这就意味着我去上课肯定会迟到。每次我来到教室，其他孩子已经上课了，有时我的班上已经背书了。为了在九点前赶到教室，我想了一个会受人责备的不太好的办法。我不希望别人效仿我这样做，但我已经做过，就不妨说一下。因为我对于这个事实的力量和影响，有很大的信心，而把事实遮掩起来，内心永不安宁。盐矿一百多工人每天开工和停工的时间，都是依照小办公室里的那只大钟。有一天，看到那只大钟在滴答作响，我便有了一个主意：如果把那大钟的时间向前拨半个小时，那我就有时间在 9 点钟时坐到教室里了。于是，我每天来矿上的第一件事，就是来到小办公室，偷偷把钟表上的时间拨快半小时。直到后来监工发现大钟被人动过手脚，走得不准，就把钟放在盒内锁上了。我只想说，我无意给别人增加麻烦，只是想按时赶到学校罢了。

一个没有名字不太体面的学生

等我终于如愿以偿进了学校以后，另外两个新的困难又摆在了我的面前。

第一个困难是我发现学校里所有学生的头上都戴着礼帽或便帽，而我什么帽子也没有。实际上我入学之前，头上就从来没有戴过什么东西，我也从来没有想过要在头上戴上什么东西。可是当我看到学校里学生们都穿戴得体时，我原来的想法就有所改变了。每当我心有不快，我就会向母亲倾诉。母亲听后对我说，虽然我们种族的老老少少都想拥有一顶属于自己的那种帽子，因为它在当时非常流行，但她却没有钱为我买。不过她会想办法帮我做一顶帽子的。母亲找来两块被称为手织的呢绒，其实是斜纹布的面料，把它缝成了一顶帽子，我有了平生第一顶便帽，觉得很有面子。

在这件事上，我母亲给我的教导令我终生难忘。我的母亲脚踏实地，从不充阔，也从不爱慕虚荣。她性格坚强，知道自己买不起“现成的帽子”给我，但绝不设法给我的同学和别人一个买得起的印象。她承认自己没有钱去买东西，她不愿意借债去买，这是了不起的一种品质。从那时以后，我有过许多种帽子，但没有哪一顶像我母亲当时用两块布缝起来的那顶更使我倍感自豪。有好几个当初戴“现成的帽子”的男孩，是我的同班同学，曾因为我只有一顶“手织呢绒”的帽子，便彼此附和着嘲笑我。但他们当中有几个却以牢狱生活度过了自己的后半生，还有几个现在把自己的生活弄得一团糟，什么帽子都买不起了。我提他们现在的处境，没有丝毫幸灾乐祸的意思，只是想告诉大家，获得生活的幸福，并不是因为你穿得有多么体面。我现在依然为母亲的那顶手工帽感到自豪，并时常把母亲当时对我的教导传达给别人。

我的第二个困难和我姓什么有关。从小，别人都叫我布克尔。入学前我还不知道一个人需要有一个姓氏，或者有个姓氏更为适当。老师在点名的时候，我听到所有学生除了自己名字之外，还有姓，有人甚至有两个名字。这样的名字在我看来，真的是太阔气了。老师要求每个学生都要有姓氏，这让我有些尴尬。老师马上就要点到我的名字了，我脑子飞快地想着，为自己想好了一个姓名“布克尔 · 华盛顿”。当我平静地把这个名字告诉老师的时候，我甚至有些为自己骄傲。从此以后，“华盛顿”就成为我的姓了。后来，我得知母亲在我生下来不久，就给我起了名字叫“布克尔 · 塔立亚费罗”，不知是什么缘故，塔立亚费罗那个姓被人遗忘了。我知道了我还有这样一个名字后，立刻就把它重新用了起来，我的全名就成了：“布克尔 · 塔立亚费罗 · 华盛顿”。我自己临时起意给自己冠名字的特权，在美国真不多见。

继父准许我读日校的时间并不长，没多久我就必须得白天去做工了，只好放弃读日校。我不想失去受教育的机会，便又选择夜校求学。常常我在夜里要走很远的路，去念我的夜课。总结我儿童时代大部分教育，基本上都是在白天做完工后晚上又去夜校学习得到的。找一个好老师常常有困难。有时候，我费力找到了一个老师同意晚上教我，可我却发现那位先生懂得的东西并不比我多多少，令我非常失望。在我青少年时代，无论面前有多么大的困难，困难如何令人沮丧，我从来没放弃让自己接受教育的决心。

我在盐矿里工作了一段时间，他们又在煤矿里为我找了一个新工作，就是专门开采供盐矿用的燃料。我很恐惧在煤矿工作。采煤人工作时全身都是污垢，下工后想要把自己洗干净也是不可能的事。从矿井口到煤矿采煤处足有一英里远，里面漆黑一片。我相信再没有比煤矿更黑暗的地方了。那个矿分为许多不同的“房”，黑暗中我始终找不到这些“房”的位置，好多次我在矿里迷了路，摸不清方向令我恐怖，有时更倒霉的是我的灯会熄掉，身上又没有火柴，就只有在黑暗中瞎摸，直到有人过来，我才能点上灯。这件工作并不难做，但是很危险。炸药如果提前爆炸，就会把我们炸成碎片，落下的石板，也会把我们压伤。这两种危险时时会有，令我心生恐慌。在很多煤矿区里，许多年纪很小的儿童，那时被迫在煤矿中用掉他们大部分的时间，很少有受教育的机会；更糟糕的是，从小就在煤矿里工作的年轻小孩，躯体和智力一律都低人一等，长久在煤矿工作磨灭了他们的理想，或许他们也从来没有听过理想这个词，他们失去了做任何事情的雄心，只想一辈子做一个矿工。

一个人的出身有多重要

对于自己的出身，曾经好多次，我把自己假想成一个是出名门的小孩或成人，甚至往上可以追溯到几百年前，不但名字叫得响，而且有祖产祖宅，这样的美景很是能诱惑人。但我又清楚地知道，如果我真是名门之后，自己又是那种被人认为很尊贵的人种，那么我能承受住外面世界的诱惑吗？能够不依赖先人的余荫和肤色而凭自己的努力独立生存和创业吗？可能答案是否定的。想清楚这些，我暗下决心：既然我没有门第可以夸耀，我要使我的儿女以我的生平为荣，这样可以鼓励他们更加努力。

世上的人对黑人，特别是黑人青年，不该带有偏见，并对他们要求苛刻。黑人为未来奋斗比其他肤色的人有更多的障碍、打击，不是身历其境的人很难了解。一个白种男孩做一件事，大家认定他会成功，而一个黑种男孩做一件事如果获得成功，大家却会感到非常诧异。黑种青年开始做事，别人对他的想法总是于他不利的。

无论如何，如果不太依赖祖先的余荫，对于有志上进的个人或一个种族来说，祖先的余荫却是一个促动的方面，因为他们知道，如果自己失败，就会使整个家族甚至上几代的祖先蒙羞。所以为自己家族的荣誉，他们可以抗拒那些诱惑。在个人努力过程中，良好的家世于他们无疑如虎添翼，迈向成功的步伐更加迅捷。而某些黑人青年道德上的缺点被当作整个种族的特征并被放大，良好的家世在一个人记忆中所产生的影响力量对于黑人来说更是谈不上。我在前面说过，我根本不知道我的祖母是谁。我虽有伯叔姑舅、堂兄弟，但他们都在哪里却一无所知。我的情形是美国任何一地千千万万的黑人共有的。所以在力争上游方面，我们无法和白种男孩子站在同一起跑线上。

在我渐渐长大的过程中，我常常想象那些理想和活动不受丝毫限制的白种男孩的感觉和雄心。我常常羡慕他们，因为出身和种族的先天条件，他们要成为国会议员、州长、主教或总统，丝毫没有障碍。我常常设想，在我自身条件不利的现实情况下，我要用什么样的方法去努力，我要怎样从最底层开始，力争上游，一直到我获得最大的成就为止。

后来，我逐渐不再像以前那样羡慕白种男孩了。我明白，衡量成功的标准，不仅仅看他在社会上获得的地位，更应该看他在成功途中努力克服困难的坚韧和毅力。从这个标准来看，可以得到一个结论：就现实生活来说，因为种族不受人重视，黑种男孩在奋斗的过程中的确处于不利的地位。他们要想得到别人的赏识，社会的认同，必须付出更多的努力，格外苦干，工作的成绩比白种青年更好才行。但是在他被迫艰苦异常的奋斗过程中，他获得了力量和自信，却是出身好、种族有名气、人生历程比较简单的人无法相比的。

我行事的准则，是什么就是什么，做黑种人的一份子，不愿要求别人承认我属于任何一个最受人重视的种族。我每次听到某个种族的人要别人承认他们有某种权利甚至特权，或某种高人一等的身份，理由不是他们自己个人的价值或才能，仅仅是他们是这一种族或另一种族的人，总觉得自己可怜。我可怜他们的原因是，如果仅仅因为种族优越而本身并没有价值，绝不能使一个人永远受人尊敬；而种族受人轻视，个人却有内在的、与众不同的优点，终不致长久湮没。每一个受迫害的人和人种，都应该从这一条普遍的、永恒的、伟大的通则中获得安慰；不论肤色如何，一个人的美德迟早总会被人承认，得到报酬的。我在这里说这句话，不是让我自己个人注意，而是让那使我引以为荣的种族注意。

第三章

幸与不幸之间

从最挑剔的人那里能学到什么

有一天，我在采煤的时候，听到了两个矿工的谈话。他们说，在弗吉尼亚的汉普顿，有一所了不起的学校，是专为黑人办的。我是第一次听说有比我们镇上那所黑人小学校更了不起的学校。在黑暗的煤矿里，我不声不响地尽量爬近那两个人，以便更清楚地听他们谈话。他们说，这所学校不仅是为黑人办的，还有人教那些贫穷而用功的学生一门生意或专门技术，而且还为他们提供工作的机会，学生用赚来的钱付全部或一部分伙食费。

听着他们的谈话，我好像觉得那所学校是世界上最伟大的地方，即使是天堂也没有他们谈着的弗吉尼亚汉普顿师范农业学院那样对我有吸引力。我立刻下定决心要进那所学校，虽然我并不知道它在哪里，离我们多远，怎样才能去。我只记得一个雄心壮志在时刻激励着，并让我日思夜想：到汉普顿去。

听到汉普顿学院的消息以后，我继续在煤矿里工作了几个月。期间我听到勒夫纳将军家里有个用工名额。勒夫纳将军的太太维诺拉是从威尔满来的“北方”女人。她管理仆人，特别对于服侍她的男孩出名地严格，很少有人能同她相处两三个星期。他们都以“她太严格了”为由离开她。我情愿到勒夫纳太太家里去试一试，总比在煤矿上好些，因此我的母亲向她去谋这个差事。她同意用我，工钱是每个月5块钱。

因为听到关于勒夫纳太太严厉的话太多了，所以我连见都不敢见她，到了她面前，我就发抖。可是我到了她家没有几个星期，就渐渐摸清她的脾气了。她喜欢把家里所有东西弄得干干净净，井井有条。她要人做事迅捷，有条不紊。还有最要紧的一点是，她喜欢人绝对诚实、坦白。不管做什么事，绝对不许偷懒或潦草，每一扇门、每一处篱笆，必须收拾得整整齐齐。我在勒夫纳太太家做了大约一年半的时间。无论如何，我还是要说：我在勒夫纳太太家学到的东西，和我在任何地方受到的任何教育，同样有价值。甚至到今天，每当我看到住宅或街上乱丢的纸屑，总是要把它捡起来的；每当我看到院子不够整洁，总要把它整理干净；每当我看到篱笆的木桩倒了，总是要把它们插好；每当我看到一所没有油漆或粉刷的房屋，看到衣服上一个钮扣掉下来，或者衣服上或地板上染了油渍，总会立刻要去解决……

我从害怕勒夫纳太太到和她成为最好的朋友，只用了很短的时间。当她发现可以信任我的时候，她便把我当做自己的朋友。勒夫纳太太对我的求知欲给予肯定，总是鼓励我、同情我。我在她家工作期间，冬天时她给了我一个机会，每天到学校去读一个钟头书。我多数的功课是在夜里做的，有时是我一个人，有时是同一个我可以请来教我的人。渐渐地我自己收集了一点书，我弄到了一个绸缎呢绒的箱子，拆去一边，里面上了隔板，把我能够弄到手的各种书籍放进去，称它为我的“图书馆”。

流浪般的求学之路

尽管我在勒夫纳太太家工作得很顺利，我却没有放弃到汉普顿学院去读书的想法。1872 年秋天，我决心设法到那里去。虽然我说过我连汉普顿在哪一个方向，到那里去要花多少钱，还没有弄清楚。我想，除了我的母亲，谁也不会完全同情我要往汉普顿去的雄心，而我的母亲却非常不安，生怕我徒劳无功。我只赢得她不很热心的同意，让我去闯一下。我所赚的一点钱都被我的继父和家里其他人用完，我只有很少的几块钱用来买衣服、付旅费。我的哥哥约翰尽力帮助我，当然他的能力也有限，因为他当时在煤矿里工作，工钱少，赚的钱大部分都作了家用。

到汉普顿去之前，最使我感动的是许多年长黑人对我的关切。他们一生中最好的岁月为奴，没有接受教育的机会。他们想不到在自己有生之年，看见一个同种族的青年，离开家去读一个可以寄宿的学校。这些老年人有些给我一个五分的镍币，有些给我一角五分的银币，或者一块手帕。

最后这个伟大的日子来临了，我动身前往汉普顿。我身上只有一个廉价的书包，里面装了我所能弄到的一点东西和衣服。我的母亲那时候身体虚弱，疾病缠身，我能再见她的希望不大，因此离愁别绪让我的内心非常痛苦。那时候，从西弗吉尼亚州我住的地方到弗吉尼亚州的东部，并没有直达的火车。火车只是全程的一部分，其余要乘公共马车。

从麦尔登到汉普顿大约有五百英里路程。我离家没走多远，就发现带的钱根本不够到汉普顿，这让我无比焦急。有一件事我终生难忘。我坐在旧式公共马车里，差不多整个下午都在山区赶路。天黑以后，马车在一家外表平常，没有油漆的所谓旅馆过夜。除了我，其他旅客全是白人。我无知无识，还以为这家小旅馆是专为公共马车乘客免费歇宿的呢。我并没有想到一个人的肤色所生的差别。等到所有的乘客都有了房间，并且预备吃晚饭时，我羞怯地走到站在柜台前的那个人身边。我口袋里的钱不够付房钱和饭费，我单纯地希望设法请那个店主可怜我。因为在弗吉尼亚的山区里，那个季节天气很冷，我需要在室内过夜。可是柜台前的那个人连问也不问我有没有钱，斩钉截铁地拒绝供应给我食宿。这是我第一次发现我的肤色对我的影响。我用走路的方法取暖，设法度过了这一夜。我一心一意只想赶到汉普顿，所以也没有时间去对那个旅馆老板怀恨。

经过许多天，我步行，想方设法搭乘运货马车、火车，总算到了弗吉尼亚的里士满，这里离汉普顿还有 82 英里。此时的我，疲倦、饥饿、肮脏，加上已经是深夜来到这里，更是让我无比困窘。我从来没有到过大城市，身无分文的我，一个熟人都没有。我不习惯城里的生活方式，也不知道自己该到哪里去。我在好几个地方请求住宿，他们都向我要钱，我却拿不出一分钱。我不知怎样是好，就在街上乱闯。逛来逛去的时候，我走过许多食物摊子，炸鸡、半月形的苹果饼高高地堆着，使我垂涎欲滴。那时候，只要有人肯把那些鸡腿给我一只，那些饼给我一块，我愿意把将来能够赚到的一切都送给他。可这都是妄想而已。

我在街上徘徊到深夜。最后，我筋疲力尽，再也走不动了。疲倦又非常饥饿的我看起来非常狼狈，但我却并不气馁。正当我体力耗竭的时候，我走到了一条街上，那里的木板人行道架高了起来。我等了几分钟，断定走路的人不会看到我以后，就爬到人行道下面，在地上躺下来，拿装了衣服的书包当枕头，预备过夜。差不多整夜我都听到脚步在我头上走过的声音。第二天早上，我觉得精神多少恢复了一些，不过我却饿到了极点，因为我已经很久没有吃东西了。等到天亮够我能看得到周围的环境时，我才发现我在靠近一条大船的地方。这条船好像在卸生铁。我立刻跑到船上，请求船长允许我帮着到船上卸货，以便赚点钱来买东西吃。船长是个心肠很好的白人，答应了我。我工作了相当长的时间，直到赚够了吃一顿早饭的钱才休工。照我现在回想起来，这顿早饭就是我一生中所吃的最好的早餐了。

我的工作使船长非常满意，他告诉我，如果我愿意，可以在这继续做工。每天可以赚一小笔钱对我来说是件非常高兴的事。我留在这条船上工作了许多天。到汉普顿去，我一定要筹一笔旅费，可是我的工钱这样少，只够填饱自己的肚子而已。为了尽量节省，好有把握能在短期内到汉普顿，我继续睡在第一夜藏身的人行道下面。许多年以后里士满的人非常热情地开会欢迎我，那一次出席的总共有两千人之多。这次欢迎会的地点，离我到这座城市第一夜睡觉的地方不很远，说老实话，我的心关切那人行道远甚于欢迎会，虽然欢迎会令人欢喜又热烈。

靠打扫取得入学资格

等我积蓄了我认为足够到汉普顿的钱，我就谢绝船长的好意，继续前行。一路上倒也平安无事，到了汉普顿，身上还剩下五角钱，用来开始我的教育。一路的行程对我说来，充满了痛苦和惊险，可是当我看到那座高高的三层砌砖的学校建筑时，好像所有我为了要到这个地方所受的痛苦，全得到了报偿。如果那出钱建筑的人，知道我和成千上万其他的青年，看到那座建筑物以后所感到的欣喜，他们一定更热心义举。我觉得这是我所看到的最大、最宏伟的房屋。这座建筑物好像给我新的生命。一种新的生存之道已经开始了，生命从现在起有了新的意义。我认为我已经做到了尽自己一切可能，充实自己，以完成对全人类最有益的工作。

来到汉普顿学院，我立刻去见主任教师，请她帮我插班。我很久没有好好吃饭，也没有洗澡、换衣服，所以我给她的第一印象非常糟糕。我立刻可以看出，她心里已经在忖量，是否应该收我做学生。我觉得，如果她以为我是一个不求进取的无业游民，我真不能怪她。过了好一会儿，她没有拒绝也没有决定录取我，只让我继续待在那里。我想尽方法想让她明白我是个良好的青年。我看着她准许别的学生入学大感不安，因为在我内心深处，我觉得只要能有机会表现我的才德，我可以获得和他们一样好的成绩。

过了几个钟头，那位主任教师对我说道："隔壁的教室要打扫了，你拿把扫帚去打扫一下吧。"我立刻想到，这就是我的机会了。我从来没有接到一个命令，像接到这个命令这样高兴过。我知道，我会打扫，因为在勒夫纳太太家里的时候，她很彻底地教了我怎样做这件事了。

我把教室打扫了三次，然后我弄了块抹布，又把教室擦了四次。所有墙四周的木造部分、每一张凳子、台子、书桌，我全用抹布抹了四次。此外，我把每一件家具都搬开了，房间里每一个壁橱、角落，都彻底抹干净。我觉得我的未来大部分靠我收拾那间教室，给那个教师的印象来决定。等我做完以后，我就跑去告诉那位主任教师。她是一个北方女人，专门会挑剔干净不干净的。她跑到教室来看，地板、壁橱全检查过了，然后掏出手帕在墙周围的木造部分和台子、凳子上揩抹了一番。等到她实在找不出地板上一点污秽的时候，她安详地说道："我想你可以进这所学校了。"

我可是全世界最幸福的人之一了。打扫那间教室就是我的大学入学试，而且任何考进了哈佛或耶鲁的青年，也不会有比我所感的快慰更真实。从那时起，我也有过好几次考试成功的经历，但是我觉得，没有哪一次像第一次这样更让我感到成功。

我前面说了我进汉普顿学院的亲身经验。那时候很多人都不惜任何代价要使自己接受教育，都为入校求学经历过种种困难，不过像我这样经历的即使有也很少吧。

我用心打扫那间教室的结果，为我奠定了以后汉普顿求学的基础。主任教师玛丽·麦莫小姐给了我一个做门房的职位。这是我求之不得的事。有了这个差事，我就差不多可以赚出我全部的伙食费来。虽然这件工作又辛苦又吃力，但我从来没有放弃过。我要管理许多房间，每天早上四点钟必须起床，这样才能把火生起来，夜晚要工作到很晚才能睡觉，只有一点时间可以准备功课。我在汉普顿全部经历，以及后来我出来做事期间，那位主任教师玛丽·麦莫一直都是我最有力、最肯帮忙的朋友。她的劝告和鼓励在我最艰难的时候，对我总是最有帮助、最有力量的。

被视为神明的将军

除了汉普顿学院的建筑和外表给我留下深刻的印象外，还有一位伟人给我留下了最伟大、最持久的印象，他是我平生有幸遇到的人当中最高贵、最稀罕的人物——撒慕尔·阿穆斯特朗将军。

我遇到过许多所谓的大人物，欧洲的、美洲的都有，不过我毫不迟疑地说，我遇到的这些人中没有任何人可以和阿穆斯特朗将军相比。像我这样刚从奴隶大农场和煤矿的恶劣环境中走出来的人，能够直接和阿穆斯特朗将军这样的人接触，这样的机会确实是难能可贵。当我第一次走到他面前时，他给我的是一个令我终生难忘的完人印象。他有一种超人的气概。我对他了解得越全面，他在我心目中的形象越伟大。你可以把汉普顿所有的建筑物、教室、教师、工业全部移开，只让那里的男女每天和阿穆斯特朗将军接触，就凭这一点，就可以抵得上一份高等普通教育了。我的年纪越大，越相信没有一种从书本、或者从贵重的机械得来的教育，抵得上和伟大的人物接触得来的教育。我多么希望我们今天的各类学校不要不断地让学生在那里死读书本，却能够让他们学会从人物、从事情上去研究啊！

阿穆斯特朗将军后来在我任校长的特斯克基学院住了两个月，那是他在世最后半年间的事。那时他半身不遂，行动困难。尽管他很痛苦，他也没有放弃毕生致力的目标，仍然日夜不停地工作。我从来没有见过哪个人像他这样完全不爱惜自己的。我相信他没有任何自私的念头。他想方设法帮助南方其他学院，就像他帮助汉普顿一样高兴。虽然在内战中他曾和南方人作战，可是在事后我从来没有听他说过一句对南方人仇恨的话。另一方面，他还不断找机会去帮南方白人的忙。

汉普顿学生对他深深的崇拜之情，对他坚定的信心，实在难以形容。事实上，学生视他如神明。我从来没有想到阿姆斯特朗将军做任何事会失败。他只要提出要求，几乎没有不实现的。他在阿拉巴马舍下作客的时候，身体状况已经很不好了，走动要依靠病人的轮椅。有一次，曾受教过将军的一个学生用车子推着他走了很长的一段山路，累得筋疲力尽。可是到了山顶，那个学生非常兴奋，大声说："在将军没有离开我们之前，我能够替他做一点真正的事，令我开心极了！"

我在汉普顿求学期间，宿舍里非常拥挤，没有地方再挤新生进来。为了解决这个困难，将军想了办法——搭起帐篷当房间用。等到有消息传出，说阿穆斯特朗将军希望有旧生愿意在冬季住进帐篷里后，几乎全校所有的学生都自动愿意去住。

我是自动愿意去的人之一。那一年冬天，我们住在帐篷里特别冷，我们吃了多少苦，我相信阿穆斯特朗将军不知道，因为我们谁也没有埋怨一句。我们只要知道，我们的做法令阿穆斯特朗将军心生喜欢，并且我们这种做法是在帮助许多学生获得教育就够了。不止一次，凛冽的寒风骤起，把我们的帐篷卷起，我们就只能在露天下睡觉。将军经常在一大早来视察这些帐篷，听到他那恳切、愉快、鼓舞人心的声音，任何沮丧的感觉都消失了。

战后，那些有基督精神的男男女女，像阿穆斯特朗将军一样，成百地来到黑人的学校，给我们这一种族的人提供教育，帮忙把我们种族的地位抬举起来。世界的历史上还没有比这些自愿到黑人学校教书的老师更高尚、更纯洁、更无私的人呢。

在贫穷中坚守“格调”生活

汉普顿的生活不断带给我对生活的新感悟，也不断带领我到一个新的世界里。按时用膳、用桌布、用餐巾、用浴缸、用牙刷，还有床上铺床单，对我说来，全是文明生活的象征。

在汉普顿学院，我学到的最有价值的一课可以说是沐浴的用途和价值。我在那里第一次学会了沐浴的一些好处——不仅仅在保持身体的清洁，还在鼓舞自尊心，并增进德性。自从离开汉普顿以后，我在南方和别处的历次旅行中，总是想法子每天洗一次澡。有时在我的本族里作客，他们住的只是一个房间的小屋，沐浴就不大容易办到，我只有偷偷溜到森林里的河里去洗一洗。我总是教我的同胞，每一家最好要有浴室的设备。

在汉普顿读书的时候，有一个时期我只有一双袜子，等我穿脏，我就在夜里把它洗干净，挂在火炉旁边烘干，这样明天早上又可以穿了。

汉普顿的伙食费是10块钱一个月。我本来要付一部分现款，其余用做工赚的钱来补缴。我说过我到学校的时候身上只有五角钱。除了我的哥哥约翰不时有几块钱寄给我，我根本没有钱付饭钱。我决心一开始就把看门的工作做好，使得学校里少不了我。我的这个计划很成功，因为不久他们就通知我，鉴于我的工作勤奋，我的伙食费可以免付。学费是一年70块钱。当然，这笔钱我是绝对付不出的。如果一定要我付70块钱学费，外加伙食费，我只有被赶出汉普顿学院了。可是阿穆斯特朗将军心肠仁慈，他找到麻州新贝德福的摩尔根先生，替我付在汉普顿整个期间的学费。等我在汉普顿毕业，开始我在特斯克基毕生事业的时候，我有幸能够去看摩尔根先生好几次。

在汉普顿学习没多久，又有一个困难摆在我面前。原来我没有书籍，我总是向比我幸运的朋友借书来看，以解决困难。至于衣服，在我到汉普顿的时候，我差不多什么也没有。我所有的一切都在一只小手提书包里。我对于衣服的焦虑日益加深，因为阿穆斯特朗将军亲自检阅学生的服装，要求学生穿戴要非常整洁。皮鞋一定要擦油，衣服上不许有脱掉的钮扣，不许有油渍。穿一套衣服不下身，要工作，还要上课，同时要保持清洁，就我来说，倒是一个很难解决的问题。我想尽方法对付，后来老师知道我是真心读书，而且志在必成，有几位好心的老师就帮我想法子，从北方装在琵琶桶运来的旧衣服里找些来补充我的不足。这些大琵琶桶，对于上百名清贫有志求学的学生功德无量。我想如果没有这样的接济，我不可能念完汉普顿的全部课程。

在初到汉普顿的时候，我的床上从来没有铺过两条床单。那时候，房屋不多，房间很宝贵。和我同房间的还有七个男孩，可是他们多数在那里已经住了一个时期。这两条床单可把我弄糊涂了。第一夜，我把它们都拿来盖在身上，第二夜，我睡在两条床单上面，直到等我注意到别的同学以后，我才学会用床单的方法。此后一直就照他们的方法，并且把这个方法教给别人。

我是那时汉普顿年纪最轻的一群学生之一。多数学生已经是成年人了，有些人已经到了 40 岁。现在我想起在学院第一年的情形，还是有些不敢相信，能接触到三四百个非常认真苦干的男男女女，对很多人来说，这样的机会并不多。每一分钟都用来研究或工作。差不多所有的人都历世很深，知道教育的重要。许多年纪稍长的人当然无法把教科书彻底读通，他们挣扎求学的情景，常常令人心酸；虽然他们在书本上的学习有缺陷，但很多方面却将勤补拙。许多人和我一样穷，不但要拼命读书，还要和贫穷抗争，生活中必需的东西，都无法获得。许多人有年老的双亲靠他们为生，有些人本有妻子，还要想法子维持妻子的生活。

每个人心中最大的、最普遍的念头，就是充实自己，回去把自己种族的地位提高。谁都不以自己为念。学校中的教职员是多么了不起的一群人啊！他们为学生不分昼夜、无时无节地工作。他们为争取机会帮助学生而感心满意足。北方教师在内战后立即从事教育黑人的历史，无论什么时候写出来，一定是美国史中最动人的部分之一，所以我特别希望有人能把这段历史写出来。整个南方能够理解这些人工作的意义的时期不会太远，虽然目前可以说还没有能够做到这一点。

第四章

难忘的这些人和事

身无分文的假期生活

在汉普顿学院第一学年将要结束时，我又碰到了新的困难。多数的学生都准备回家度假，我没有钱回家。因为学校不允许学生假期呆在学校里，所以我必须得找到一个住的地方。看到别的学生准备动身回家，我觉得很伤心。离家一年，我非常想家。但我没有回家的钱，也没有钱到任何地方。

我想办法弄到了一件额外的旧上衣，我猜想那件衣服很值钱，就决定卖掉它，用换来的钱做旅费。我怀有少年骄傲的自尊心，总是不想让同学知道我身无分文、无处可归。我向汉普顿城里的人大费口舌地推销这件上衣，终于有一个黑人答应到我房间来看一看这件衣服，并考虑买衣服这件事。这令我颓丧的意气立刻振作起来。第二天一大早，我的主顾来了。他把这件衣服仔细查看，并问我衣服的价钱。我告诉他，我想这件衣服值 3 块钱。他并未反对，但是却一本正经地对我说："我想这样买这件衣服，我先给你五分钱，把这件衣服拿走，其余的钱等我凑足了就给你。"这样的结果可想而知我当时的心情怎么样了。

令我失望的交易失败以后，我就索性放弃一切离开汉普顿城去工作的计划了。我必须找到一个可以工作的地方，赚些钱来买眼下急需的衣服和其他必需品。几天之后，几乎所有的学生和教师都回家去了，这更让我感到沮丧。

我在汉普顿城里城外转悠好几天，终于在一家餐馆找到了工作。这家餐馆位于门罗要塞。我的工钱比伙食费多不了多少。在两餐之间和晚上，我有许多时间可以研究、读书。在那个夏季，我的学习进步很大。

第一年我离开学校的时候，欠学校16块钱。在暑假中我抱定最大的决心要攒够钱来还这笔债。因为这是一笔信用借款，我不还清，甚至不能再进校门。我从不乱花一分钱，自己洗衣服、不做非必需的外套，可是暑假完了，我仍然没有攒够16块钱。

在餐馆工作的最后一个星期，有一天我看到一张簇新的10元钞票放在一张餐桌下面。我高兴得无法抑制。因为我不是餐馆的主人，我觉得我有必要把这笔钱拿给老板看一下。他看到钱，和我同样高兴，但是他却冷静地对我说，这个店是他开的，他有权拿这10块钱，说完他就把钱拿去了。他的做法无疑令我很受打击，然而我并未因此就心灰意冷。回顾我的一生，对于任何我要完成的事情而期间充满的坎坷，我从未有过心灰意冷。我做一切的事都是抱了必胜的信念，许多人总是把自己不能成功的原由不厌其烦地解释出来，我却从没有耐性去倾听他们的原因。有什么困难，我下定决心来面对它。新学期开学时，我跑去见汉普顿学院的会计马歇尔将军，很坦白地向他说了我目前的情形。他告诉我，我可以进学校继续读书，他相信等到我有力量的时候，会还这笔钱的，这真使我高兴。第二年我继续做看门的工作。

20分钟得到的快乐

我在汉普顿学院教科书里得到的教育，不过是我在那里获得的教育的一部分而已。第二年最使我感动的，是教师的忘我精神。我起初不太明白，为什么替别人出力会感到快乐。那一年还没有完，我渐渐明白，那些替别人出力出得最多的，是最幸福的人。从那时起，这个教训我始终铭记在心。

也许我在第二年最有价值的学习，是懂得《圣经》的用途和意义。有一位来自缅因州的波特兰人纳塔利·劳德小姐，教我怎样用《圣经》、怎样爱《圣经》。此前，我从来没有对《圣经》有过太多的关注，而现在，我已经热爱阅读《圣经》了，不仅仅为了这部书给我的精神上的帮助，也是为了它动人的文笔。劳德小姐在这一方面的教导对我影响非常之大，直到现在，我在家里不管多么忙碌，照规矩每天早上在开始工作之前，我总读一章《圣经》，或者读一章里的一部分。

我在公开演讲方面的成就，也要归功于劳德小姐。当她发现我在这方面有些爱好的时候，她就在课外单独教我关于呼吸、加强语气和发音的方法。单单为了说话才对公众演说，从来没有打动过我的心。事实上，我认为再没有比空洞的演讲更无聊的事情了。但我从小就有志想为改良世界做点事，然后就希望能把那一件事说给世界上的人听。

汉普顿的各种辩论会是我不断获得快乐的泉源，这些辩论会总是在星期六晚上举行。我在汉普顿学习期间，就我的记忆所及，从没有一次缺席。我不但参加每周的辩论会，并且还从事组织另外的辩论会。我发现在晚饭后、晚上自修以前，大约有 20 分钟的时间，那些青年花在无益的闲谈上。我们大约有 20 个人组织了一个学会，专门利用这点时间来辩论，或者练习公开演讲。很少有人像我们这样，利用 20 分钟的工夫得到这样多的快乐和益处的。

最沉重的打击

我在汉普顿的第二年学期末，靠我母亲和哥哥约翰汇的一点钱，加上汉普顿的一位教师送给我的一笔小款，我可以回到西弗吉尼亚麦尔登家里去度假期了。等我回到家里，我发现盐矿已经不办了，煤矿也因为矿工罢工不开采了。这好像是常常发生的事情，因为那些矿工一等到储蓄了两三个月的工钱，就要罢工的。当然，在罢工期间，他们把积蓄的钱全花光了，常常要负了债再去工作，拿同样的薪水，或者花一大笔钱，搬到另一个矿上去上工。在这两种情形下，据我的观察，矿工在罢工结束的时候，情形更惨。在那时的美国，在没有罢工的时候，我知道矿工在银行里有很多存款，但是等到职业性的劳工鼓动者获得了控制，即使是俭省的矿工的储蓄，也渐渐不见了。

我的母亲和家里其他的人看见我回来，发现这两年我进步了那么多，当然高兴极了。黑人中所有各阶层的人，特别是年纪老一些的，那种因为我回来而高兴的情形，真令人感动。我要到每一家去拜望他们，在那里吃饭，在每一家把我在汉普顿的经历告诉他们。除此以外，我还得在教堂里和主日学校里，以及其他的地方演讲。我求之最急的工作，却找不到。因为罢工，就没有工作。第一个月假期我的费用都花在找工作上面，做一份工好赚到回到汉普顿的路费，并且再省些钱下来，到学校以后还需一些花费。

第一个月快结束了，我跑到离家很远的一个地方去找工作，却并没有成功。等我开始回家的时候，天色已经晚了。我到了离家还有大约一英里路程的时候，已经筋疲力尽，再也走不动了。我走进一间陈旧而没有人居住的屋子里，在那里度过一夜。大约在清晨 3 点钟的时候，哥哥约翰找了来，发现我睡在那里，他尽可能顾虑我的情绪，把我们亲爱的母亲在那一夜去世的悲惨消息告诉了我。

那一刻是我一生中最悲惨、最黑暗的时刻。我的母亲好几年来身体都不好，我从未想过会有这样的情景：我前一天离开她，就再也看不到她活着的样子了。此外，我总是抱着极大的愿望，希望在她去世的时候，能守在她的身边。我在汉普顿读书的主要志向之一，就是将来能够使我的母亲过舒服而幸福的日子。她常常表示，希望自己的有生之年能看到她的儿女都受到教育，在社会上能够立足。

母亲去世没多久，家里就乱成一团。我的姐姐阿曼达虽然尽了她的力量，但她也是年少，不懂得管家，我的继父又雇不起一个管家的人。有时候我们有煮好的饭吃，有时候没有。我记得，很多次只有一罐番茄和一些饼干，就当了一顿饭。我们的衣服也没有人照管，不久家里样样东西都一团糟了。在我看来，这是我一生当中最凄凉的时期。

我常常提起的好朋友勒夫纳太太总欢迎我到她家去，在我这段困难的时期给我种种的帮助。在暑期没有结束前，她给了我一些工作，我在离我家有一段路的煤矿上也找了一份工作，这两份工作让我赚了一点钱。

教育不能让学生失去自立的精神

有一个时期，极度窘迫的情形令我有些想要放弃回到汉普顿的计划，可是我的心意还是坚决，决定要尽最大的努力想办法回到学院去。我急需过冬的衣服，不过除了哥哥约翰给我弄到一些外衣以外，我一无所得。可有一件事令我非常高兴，我回汉普顿的旅费已经筹到了。只要到了汉普顿，我知道我就能把看门的工作做好，总有办法对付这一学年的。

汉普顿开学之前三个星期，我的好朋友女校长麦基小姐来信，叫我在开学前两个星期就回汉普顿，好帮助她打扫校舍，把一切整顿就绪，准备新学年开始。这真叫我喜出望外，也正是我所需要的机会。这一来我就可以向司库那里请求贷款了。我立刻就动身到汉普顿去。

这两个星期内，我得到了一个教导，终生不会忘记。麦基小姐出身北方书香世家，可是她却在这两个星期里和我一同擦窗户、扫房间、铺床等等。她觉得，不等到每一块玻璃都擦得清洁明亮，绝不适合开学，因此她亲自帮着收拾。我在汉普顿学习期间，她每年都动手做这样的工作。

这时候我还不太明白，为什么像她那样受了教育，又有社会地位的人，愿意为提高一个不幸种族的地位而出力，去津津有味地去做这些粗工。从那以后，对于南方为我们这一种族的人所办的学校里，我反对不教学生重视劳动的尊严。

我在汉普顿的最后一年中，除了用去看门的时间，我把每一秒钟都用在读书上。如果可能的话，我决心要在本级留下名列优等毕业的纪录。最后我终于如愿以偿。1875 年 6 月，我读完了汉普顿学院的本科。我在这所学校得到的最大益处，可以分成两类：第一是和阿穆斯特朗将军这样一位伟大的人物接触，照我看来，这个人是我有幸认识的人当中，最难得、最坚强、最完美的杰出人物。第二是在汉普顿的学习使我第一次懂得教育对一个人的功用。在我到汉普顿以前，我很多的想法和当时的人们普遍认为的一样，以为获得教育就是能让自己过上舒服日子，用不着出苦力去做工。在汉普顿，我不但明白了劳动的真正意义——劳动并不是丢脸的事，热爱劳动，不仅仅为了通过劳动可以获取财富，也为劳动的本身的意义——为养成自立的精神——去帮助别人产生能力，这种能力会养成自立的精神。

每天14小时的工作

在汉普顿学院，我第一次懂得过不自私的生活有什么意义。第一次懂得，最幸福的人就是那些使别人有用处、使别人幸福的人。毕业的时候，我一文不名。我同其他汉普顿学生一起，找到了在康涅狄格一家避暑旅馆里做餐厅侍应生的工作。我想办法借了旅费到那里。到这家旅馆没多久我就发现，对于伺候旅馆里的客人用餐的工作，我差不多什么也不懂。可是那侍应长却以为我是个有经验的人呢。不久他就叫我管一张餐桌，那桌上坐着四五个有钱而又相当贵族化的人。看得出我不懂得伺候他们，他们非常生气，大骂我一顿，把我吓得走开，结果他们坐在那里没有东西吃。我因此从侍应生降为端菜的人。

但是我仍然下决心要学会侍应生的工作，在几个星期之内果然就学会了，侍应长又恢复我的原职。自从在那旅馆做过侍应生之后，我又在那里做过几次客人，这是我很高兴的事情。

在避暑的季节过去之后，我回到麦尔登老家。在家乡，他们选我教当地的黑人学校。这是我一生最幸福的时期之一的开始。现在我觉得有机会帮助本乡的人，使他们过高一等的生活了。我一开始就觉得那个镇上的青年全部需要的，不仅仅是书本的教育。我早上 8 点钟就开始工作，而且照例不到晚上 10 点钟不休息。在教书的日常工作之外，我还教学生怎样梳头发，把手和脸洗干净，衣服当然也要干净的。我特别注意教他们刷牙、沐浴。在我的教导中，我很小心地注意牙刷的影响力，我相信文明的活动中，很少有一种像刷牙的影响那样深远。镇上有很多年纪大些的男孩和女孩，还有成年的男女，他们白天要工作，可是仍然想有机会受一点教育。有鉴于此，不久我就开办了一间夜校。一开始，这间夜校每晚挤满了人，差不多和日校的人一样多。有些男女，年龄在 50 岁以上，还来上课。他们有些人用功的情形，真叫人非常感动。

我的工作还在不止教日校和夜校的工作。我开设了一间小的阅览室，又办了一个辩论会。星期天我教两间主日学校，一间在麦尔登镇，下午授课，另一间在麦尔登镇三英里以外，上午授课。此外，我还替几个青年补习，准备想办法把他们送到汉普顿学院。只要谁想学什么科目我能够教的，从不计较报酬，而且根本很少想到钱。我能够有机会帮别人的忙，真非常快乐。不过，身为公立学校的教师，我也在公共的经费里支一笔小小的薪水。

在我就读汉普顿学院的时候，我的哥哥约翰不但尽力帮助我，并且为了养家，拿全部时间在煤矿工作。他自愿牺牲自己的教育，来成全我的教育。我最热切的希望就是帮他的忙，让他进汉普顿，省下钱来维持他在那里的费用。这两项计划我都成功了。在三年之内，我的哥哥在汉普顿毕了业，他现在在特斯克基任工业总监。他从汉普顿回来的时候，我们两人合力用储蓄下来的钱，又把母亲收养的弟弟詹姆士送到汉普顿去了。这一次我们也很成功，现在他任特斯克基学院的邮政局长。

三K党的暴行

我家住在麦尔登的时候，正是出名的三 K 党最为活跃的时候。三 K 党是一帮专为限制黑人行动而集合起来的人，特别存心要阻止黑人获得任何政治势力，他们多少和奴隶时代我做小孩子的时候听人谈起的“巡逻队”相同。“巡逻队”多是一群白人青年组织起来专门在夜里管黑人的。他们不准没有通行证的奴隶从一座大农场到另一座农场去，黑人举行任何会议要先经他们准许，并且至少要有一个白人在场等等。

和“巡逻队”一样，三K党差不多全在夜间活动。可是，他们比“巡逻队”更残酷。他们主要的目的是击碎黑人参政的希望，但并不止这一点，他们还焚烧学校、教堂，使许多无辜的人受害，很多黑人在此期间丧失性命。

我那时还是青年，这帮无法无天的人的行为令我难以忘记。有一次，在麦尔登我看到一些黑人和白人公开殴斗。双方差不多有一百人之多，并且很多人重伤，其中有勒夫纳太太的丈夫。勒夫纳将军是为了护卫黑人，遭人击倒，受了重伤，从此没有完全康复。我当时目击两个种族的人互相争斗，觉得在这个区域内，我这个民族没有希望了。三K党时代是战后重建时期最黑暗的一段日子。

我提起南部这一段不愉快的历史，目的无非是让读者注意，自从三K党出现以来，情况已经大变特变了。今天南方已经没有这种组织了，事实上黑白两种族的人几乎已经忘记三K党的历史了。在南方，现在很少地方的舆情还会准许这种组织存在。

第五章

国家在重建时期的失误

虚名的牧师

从1867到1878年，我想这段时期可以称为重建时期。这包括我在汉普顿做学生，和在西弗吉尼亚做教师的时期。在整个重建时期，有两个观念在激励着黑人的思想，或者最低限度激励着这个种族的一大部分人的思想。其中之一是学习希腊文、拉丁文的狂热，另一个是想担任公职。

一个世代都做奴隶的民族，而在奴隶时代之前，又经过很长的，最黑暗的野蛮时代，很难要求他们立时就能懂得教育的真正意义。

在重建时期南方的每一部分，所有的日校、夜校都挤满了各种年龄、各种身份的人，有些人甚至已经到了六七十岁的年纪。想受教育的雄心是最值得敬佩，最值得鼓励的。可是，有一种思想太普遍了，就是认为人有了文化，就不用再吃太多的劳苦，不用劳力就能过上美好的生活。此外还有一种普遍的认识，以为一个人只要懂得希腊文、拉丁文，哪怕只是一知半解，就能成为一个很了不起的超人，差不多就是类乎神的人了。我记得我碰到的第一个懂得一些外国语的黑人，那时他给我的一个印象，好像别人都不如他神气。

我这个种族里受过一点教育的人，很自然地都做了教师和传教的人。这两种人当中虽然有许多能干、热心、虔诚的男女，可是多数人却拿教书和传教的工作当作省力的谋生途径。

许多做了教书先生的人除了能写自己的名字之外，简直什么都不会。我家附近曾经住过一个这样的人，他找到一所学校去教书，在学校里有人向他问起大地的形状，并问他关于这个问题他怎样去教学生。他回答说，关于这件事他准备说大地可以是平的，也可以是圆的，要看他的赞助人多数的意见来决定。

对于传教这个工作，有些人不但无知，并且在很多情况下没有道德，说自己是“奉召来传教”，结果自然很糟糕。这种现象今天依然存在，不过已经大有进步了。在获得自由的初期，差不多每一个学会读书的黑人在开始读书没多久以后就得到了“传教的神召”。在西弗吉尼亚我的家里，“应召”去做牧师的情形是很有趣的。平常这种“神召”总是在那人坐在教堂里的时候来临。事前毫无迹象，便会突然倒在地上，好像中了枪弹一样。他在地上要躺几个小时，一言不发，不吃不动。然后就会有消息四处传出去，邻居全知道这个人有了“神召”了。如果他不想服从“神召”，就会再跌倒第二次、第三次，最后他必须服从“神召”。在我极想受教育的时候，我承认年幼的我的确害怕自己能读能写之后，也会碰到这种“神召”；可是，不知道是什么缘故，我的“神召”始终没有来。

那些完全无知的人，也能挤进受过一些教育的人里面去传教，或者“教诲”别人，可想而知牧师的人数是很多的。事实上，早些时我知道有一个教会，全部教徒只有 200 人左右，其中 18 个人就是牧师。不过，我再说一句，在南方很多的教会团体中，做牧师的人已有了进步，而且我相信在二三十年后，大部分不称职的牧师会销声匿迹的。所谓奉“神召”而传教的现象，现在已经不像从前那么多了，而奉“召”去从事工业的人却大为增加，这是我乐于说说的。教师的进步甚至比牧师的进步还要显著。

失败的重建计划

在整个重建期间，南部的所有黑人都指望联邦政府把每件事都替他们办到。这就和小孩子指望母亲什么都替他们办到一样，并没有什么稀奇。中央政府给了他们自由，全国两百多年来利用黑人的劳力，富足了不少。在少年时候，以及后来成人，我一直有一种想法：中央政府在给我们自由之初，没有在州政府能够做到的范畴内，能帮我们在一般教育方面做一些力所能及的事情，以便我们在尽公民义务上，能够做好准备。

找错处容易，说该办到的事没有办也不难，无论如何，那些负责国家大事的人，毕竟做了当时唯一能做的事情。话虽如此，现在我回顾我们获得自由的全部期间，仍然觉得如果尽早拟好计划，使黑人受相当的教育，或享受有一点财产，或教育和财产兼而有之，试试我们运用公民权的能力如何，并且想出一个方法，把这种试验诚实而公正地同样应用到白人和黑人身上，结果一定好得多。

在重建期间虽然我只是个青年，我还是觉得政府有许多失误。就对我们这一种族的人的关系说来，重建计划大半是根本错误的、虚伪的、勉强的。在许多情形之下，我似乎觉得，白种人利用我们这一种族人的无知当作工具，用来帮他们做官。北方有一些人，存心要惩罚南方白人，硬把高位派黑人去担任，把白人放在他们手下，结果受罪的是黑人。此外，一般政治上的运动吸引了我们的注意力，使我们反而忽略了基本的在工业上壮大自己和积累产业这些更迫切更现实的事情。

从政对我是一种强烈的诱惑，一度我几乎就要上它的当了。不过我还是清醒地认清了现实，并广泛地教育我的同胞，用手、用脑、养成仁爱心，把自己的根基打好。这样去帮助他们，对他们要实惠得多。出于这种考虑，我参政的想法也就淡然了。我发现一些州立法议员、郡政府官员的黑人，竟是不能读、不能写的文盲，而道德的修养，正和他们的教育一样贫乏。不久以前，我在南方某城的街上经过，听到几个泥水匠在他们做工的一座两层楼的建筑顶上喊着："州长，快些，快拿些砖头来。"好几次我听到有人向州长发布命令："赶快，州长！""赶快，州长！"我实在觉得奇怪，忍不住打听这位"州长"是谁，原来他就是一个黑人，一度在他的州里任过代理州长。

在重建期间做官的黑人，并不全是完全不称职的。有些人，就如已故的参议员布鲁司以及许多人，都是坚强、正直、有作为的人。被人称为"包袱客"从北部南来的冒险家，也并不完全是无耻的人。有些人，如佐治亚州州长布洛克，就是品格极好，又很能干的人。当然，那些黑人从政无所作为和他们所受的教育极其有限有关。他们根本没有行政经验，许多事做得极其糟糕，任何人遇到这种情形难免不出问题。许多南方的白人有一种感觉，如果让黑人运用他们的政治权，无论运用到什么程度，重建时期的错误一定都会犯。我不认同这种看法，因为和 35 年前的黑人相比，他们在能力和智慧方面已经有了很大进步，他很快学得一个教训，就是不能和南方的白人不和。我愈来愈相信，我们这一种族问题最后在政治上的解决，各州须改变关于公民权的法律关系，使法律在运用的时候绝对公正，黑人白人同样没有机会要两面手法，或有所规避。我在南方逐日观察，认为任何对于黑人有欠公正，对于白人有欠公正，对于联邦其余各州也有欠公正的制度，就和奴隶制度一样，是我们迟早要补赎的一个罪恶。

两种教育模式孰优孰劣

1878 年夏天，我在麦尔登已教了两年书，我不仅把两个兄弟送进汉普顿学院，还帮助其他几个有志青年男女达到了同样的目的。这时我决定到首都华盛顿去，用几个月的时间继续研究学问。我在那里住了八个月，除了学问方面受益外，也认识了许多有为的人。在我就读的学校里，没有像重工业的汉普顿学院那样给学生工业方面的训练。这所学校里，我发觉多数的学生比汉普顿的学生富足些，穿着也讲究时髦些，更富有智慧一些。在汉普顿，规定的办法是这样的：学校负责想办法找人替学生付学费，而男女学生必须自己想法子弄出自己的伙食、书籍、衣服、住宿费用，学生全靠工作或一半靠工作、一半付现款来维持学业。学生们不断努力，靠做工来补助，这种努力对于品行的陶冶大有功效。我此刻就读的学校里，大部分学生想办法找人替他们付许多个人的费用，这些学生都好像不大能自立似地，他们似乎更注意自己的外表。总而言之，在我看来，他们不像汉普顿学生那样，从根本上在真正稳固的基础上开始自己的学习生活。虽然他们离开学校懂的拉丁文和希腊文比较多，可是关于人生和家乡的生活情况好像知道得反而少。在舒适的环境中过了许多年，他们不像在汉普顿学院里的学生那样，想回到南方的乡下，尽管不舒服，也去替同胞做事。他们受不住诱惑，去做旅馆的侍者，和普尔门式头等车的脚夫，拿那种事当做终身职业。

我在华盛顿读书的时候，城里挤满了刚从南方来的黑人。这些人里大部分都抱有一种想法，认为他们在华盛顿可以过上舒服的生活。因为当时有好多极有能力、极聪明的黑人在众议院里，像布鲁司先生就是参议员。这一切，有趋势把华盛顿变成黑种人眼中有吸引力的地方。他们来到华盛顿当中有些人想在政府里谋得低级官员的职位，更有一大批人希望找到中央政府的职位。还有一点，他们知道无论什么时候，自己在首都区总可以获得法律的保障。华盛顿的黑人公立学校比任何地方的同等学校都要好。

我在那时候就近研究当地同胞的生活，觉得非常有兴趣。我发现虽然有许多富裕的、值得佩服的人，也有许多令我惊讶只顾生活表面的人。我知道有些黑种青年，一星期赚不到四块钱，却在星期天花上两块钱或者更多去坐四轮马车，往来宾夕法尼亚的路上，好使别人相信他们是上万的富翁。我知道另外有些青年，每月从政府拿到75块钱或100块钱，每个月月底还要负债。我还知道有些人几个月前还在做国会的议员，后来失业，生活就穷困了。有些人做什么事情都像要依赖政府似的。这一类人自己没有志气在社会上创业，却一心要在中央政府里的官员替他们添一个位置。那时我常常希望能用魔术的力量，把大批这一类人移到乡下去，把他种在土里，种在大自然母亲坚固而永不虚伪的基础上，那是一切成功的国家、民族的出发点。从那里出发，起初也许缓慢、辛苦，却是真实可靠的。

在华盛顿，我知道有些女孩子的母亲是靠洗衣服为生的。由母亲教这些女孩子洗衣服这一行业，自是有些粗浅。后来，这些女孩子进了公立学校，在那里大约读六年或八年书。等到毕业，她们要穿更贵重的衣服和鞋子，戴更贵重的帽子。她们的需要增加了，她们供应自己需要的能力却没有相应增加。另一方面，她们六年或八年的书本教育，使她们丢失了她们母亲的技能。结果是许多人堕落了。我常常想，如果给这些女孩子在接受智力训练的同时，也给她们最彻底、先进、优良的洗衣训练，或其他相关的职业训练，她们的人生之路可能就会大不同。

为自己找到最准确的位置

第六章

比从政更值得做的事

1878年前后，许多人一直在参与讨论一个问题，把西弗吉尼亚州的首府从灰令迁到别的中心地区。议会根据大家的讨论指定了三个城市，让本州人投票选择，作为政府的永久所在地。离我的家麦尔登只有五英里路的查尔斯顿是三个被指定的城市之一。在华盛顿学习快结束时，我接到一个邀请，是由一个查尔斯顿的白人委员会发出的。他们请我为那个城市获选首府而在全州演说。这令我很高兴，我接受邀请后，开始在本州各地用了三个月时间进行演讲。查尔斯顿最后终于成为州政府的永久所在地。

在这次运动中我的演说才能令我脱颖而出，好多人都极力劝我去从政。因为我依然相信，对于帮助我们这一种族，我可以做从政以外更有益的一些事，所以我拒绝那些人好意的劝说，虽然我有足够的自信可以在政治生涯中有所作为。我觉得，对于我们这一种族的人来说，比起政治地位的高低，教育、工业训练和产业的根基显得更为重要，我们这更需要朝这些方面做更大的努力。如果我舍弃本种族的需要去谋求政治的成功，即使我获得了成功，我也会觉得这是自私的成功。

在我们这一种族努力上进的阶段，律师、或者国会议员是青年进各级学校想学有所成后的职业目标，许多女孩子都把自己的未来职业发展锁定在在音乐教师这一工作；我还是个年轻人时，就有一种想法，认为替成功的律师、国会议员、音乐教师铺路确有着手的需要。

当时年轻人的这些想法和奴隶时代老黑人想学弹吉他的情形有些类似。老黑人想学吉他，他请自己年轻的主人教他，对于这个上了年纪的奴隶能不能学好吉他，那位少爷却没有信心和耐心，少爷就想方设法打击老黑人，对他说道："杰克叔叔，我可以教你弹吉他，但你得付学费。这样好不好，第一课收你三块钱，第二课收两块钱，第三课收一块钱，最后一课我只收你两毛五分钱。"杰克叔叔不免对这种付费方式进行盘算，说："少爷，我同意你这个办法，但你必须先教我最后一课。"

重返母校

在为迁移首府一事尽自己所能后，有一封信送到我的手里。这封信出乎我的意料并让我体验到欣喜之感，它是阿穆斯特朗将军写给我的。他请我到汉普顿去，为下一次毕业典礼进行一次演说，取名为"研究生的演讲"。这是令我感到无上荣光的事情，真是做梦也没有想到，我颇费苦心，精心准备了一篇讲词，题目是《致胜的力量》。

因为此次去汉普顿是为发表这篇演讲，而六年前初次入学时一路的经历令我难忘，我选择了现在已经全部有了铁路的老路线。这次我有能力全程坐火车了。今天的情形和第一次到汉普顿的情形相比较，我心生感慨。我并不自大地说，五年中通过自己的努力令生活状况和抱负都上升一个新的台阶的人，并不是很多。

汉普顿的教师和学生热烈欢迎我的到来。我发现在我离开汉普顿的这几年，学院每年都在改进。办学方向和学校计划在阿穆斯特朗将军伟大的领导之下，并没有依照其他学院的模式，而是愈来愈能依据我们族人的情况，适应我们黑人的真正需要。工业技术培训和学术部门，都大有进步。所以，在欠开发的民族中做传教及教育工作的人，人们总习惯按照百年以前的旧法，或千英里以外其他社会的方案去效行。受这种想法驱使，人们常常是照某种教育模型去教育每一个人，而不考虑那个人的情况和志趣。汉普顿的情形却不如此。

在毕业典礼上老师和同学对我发表的演说都极为赞赏，许多人把恳切的鼓励送给我。我志在继续教书，所以回到西弗吉尼亚家中。1879 年夏天，阿穆斯特朗将军又给我写了一封信，要我到汉普顿，我可以在做教师的同时，继续学习深造。将军的信使我再度惊喜。我毕业后回西弗吉尼亚开始教书不久，就选了四个最优秀、最有希望的学生，还有我前面说的我的两个弟兄。我给他们单独补课，预备送他们到汉普顿去。他们到了学校后，教师发现他们每一个人在学习上程度都比较高，就把他们都插进了较高的班级。将军让我回汉普顿教书，也是受这件事的影响。现在的医学博士撒慕尔 · 科涅，就是被送到汉普顿去的青年之一，他现在即是波士顿的著名医生，也是该市公立学校的董事。

一个成功希望为零的教育创举

这时，阿穆斯特朗将军在教育上的另一善举就是初次试验在汉普顿教育印第安人。对印第安人受教育的能力和受教育的益处，当时多数人都不抱任何信心。阿穆斯特朗将军急于把这一项试验要大规模有系统推动。在西部各州政府都指定为土人保留的地方，将军找到了一百多个野性难驯、多数是完全无知的印第安人，其中大部分是青年。将军给我安排的特殊工作名为“舍监”，就是和这些印第安青年住在一起，负责他们的纪律、衣服、房间等等。这是很有吸引力的建议。可是我正专心致力于西弗吉尼亚的工作，我真害怕半途而废。因为我不知道怎样才能拒绝阿穆斯特朗将军的好意，只好忍痛放弃在西弗吉尼亚的工作。

到汉普顿以后，我和 75 个印第安青年住在一座房屋内。我是这座房屋里唯一不与他们同族的人。最初，我怀疑自己能否胜任。当时的印第安人自觉比白人高一等，所以也会傲视黑人。在印第安人眼里，黑人自愿为奴是他们永远不肯做的事。在奴隶时代，在印第安人的居留区内，他们拥有过大批奴隶。此外，当时大家还有一种想法，认为要想在汉普顿教化印第安人，成功的希望几乎为零。我觉得我的责任重大，在处理各种事情时都小心翼翼，如履薄冰，我不想失败。时间并不长，我就取得了印第安人的完全信任，不仅如此，我觉得我还可以大胆说一句，他们爱我，也尊敬我。我发现，他们和任何人差不多一样：对于优待有反应，对于虐待产生憎恨。他们以使我快乐、舒适为愉悦，并尽力去做。他们最不喜欢的是把他们的长头发剪掉，把披在身上的毯子脱下来，也不愿意戒烟。而白种美国人衡量成为一个完全文明人的标准，就是穿白种人的衣服、像白种人那样用餐、说白种人的话、信白种人的宗教。

印第安人过了学英文较为困难的这一关后，对于学习商科和精通学术上的科目，我发现红种人和黑种人没有什么区别。每当看到黑人学生友好用心地帮助印第安人，我心里感到非常快慰。尽管有为数甚少的一些黑人学生觉得印第安人不该进汉普顿学院，但无论什么时候，需要把黑人学生与印第安人学生分在一个宿舍时，黑人学生总是热情接受的，这样他们可以教印第安人说英语、养成文明的习惯。

怎样对待这样的歧视

我常常想知道，美国白种人的学校是否会像汉普顿学院的学生那样，用宽阔的胸襟热烈欢迎另一种族的人来一起学习和生活。对那些自感优越的白种学生，我想对你们说，你们尊重别人的程度，也是别人能尊重你们的程度，越是向不幸的、文化越低的种族出力，越是能提高自己的身份。

说到这里，我想起了一次和道格拉斯议员的谈话。有一次道格拉斯在宾夕法尼亚州旅行，尽管他和别的乘客付同样的车费，却因自己的肤色被迫乘坐行李车辆。有几个白人乘客到行李车里去安慰他，其中一人对他说："道格拉斯先生，他们这样降低你的身份，让我心生不安。"道格拉斯先生坐在箱子上，身体笔直，正色回答道："谁也不能降低道格拉斯的身份。谁也不能降低我灵魂的高贵。我的身份不会因为这种待遇受任何贬低，真正受贬的是那些让我承受这无谓辛苦的人。"

在美国有一部分地区的法律规定火车上黑人白人要分开乘坐。有一次我看到一件非常有趣的事，从这件事上可以看出，有时要知道黑人和白人的分别在哪里，是多么困难。有一个黑人皮肤却非常白，从外表看，即使是人种专家也很难把他归入黑人一类。这个人乘坐火车时，自觉坐到了划给黑人的车厢里。等到乘务员来检查车厢时，看见黑人乘客不仅大吃一惊，不知所措。因为他如果是白人，乘务员便有失职之责，得罪了白人可不是闹着玩的。而如果他是黑人，管理员就可以心安理得了。这个管理员细细地审视了他一番，察看他的头发、眼睛、鼻子、手，可是仍然无法判断。最后，他弯下身来，细看那人的脚。我看到管理员看那个有问题的人的脚的时候，我想：这个问题总算解决了；果不其然，乘务员立刻断定这人是个黑人，就让他继续留在原处。我暗自庆幸，我们这一种族没有失去一个族人。

我的经验是：要验证一个人是否称得上是品德良好，只要看他和那些比他的种族不幸的种族人怎么接触就知道了。那些南方旧派的上流人，和他从前的奴隶和奴隶的后代接触的一举一动很值得一看。

有一个关于乔治·华盛顿的故事可以值得一说。有一次他在路上与一个黑人相遇，那个黑人向他脱帽，他也脱帽还礼。他的一些白人朋友对他这样的做法很不理解，并批评他，乔治·华盛顿回答说："你们难道想让一个贫穷、无知的黑人比我更有礼貌吗？”

我在汉普顿做“舍监”时，发生过的两件事情，可以说明当时美国对于种族的特别态度。有一次，必须要把一个生病的印第安男生送到华盛顿交给内政部长，然后给这名学生弄到一张收条，以便让他回到西部政府指定的居留地区去。这件差使落在我的身上。那时候，对于外面的情形我还不十分了解。在去往华盛顿的汽船上，到了进餐的时间，我等大部分人吃完以后，带着那个印第安学生才进餐厅。那个管餐室的人礼貌地对我说，那个印第安人可以在那里吃饭，我却不可以。那个印第安学生和我的肤色几近相同，我都不知道他们用什么办法能分辨肤色的不同之处，那个侍者似乎是这方面的专家。出发前，汉普顿当局指示我和我的学生可以住在华盛顿的某一家旅馆，可是等我们到了那家旅馆，服务生对我说，他们欢迎那位印第安人住进去，可是不能收容我在那里住宿。

还有一次，我在城里，那里群情激愤，几乎像要对人施用私刑了。引起民众骚动的原因是当地的一家旅馆里住进了一位肤色很黑的人。经过核实，这个人是摩洛哥人，他正在美国旅行，说的却是英语。当大家知道他不是美国的黑人时，所有的公愤全平息下去了。当那人知道自己成为群情无端激昂的导火索后，他觉得他还是不讲英文更加安全。

哪些人更易成功

我当“舍监”第一年结束的时候，在汉普顿一份新的工作恩赐给我。回忆过往，觉得这份工作真是天意要帮我准备后来在特斯克基的工作似的。那时有许多黑人青年男女，都渴望接受教育，可是他们家境贫寒，拿不出买课本的钱，也付不起伙食费，因而没有办法进汉普顿学院。阿穆斯特朗将军就想到了一个办法：替这所学院办一个夜校，录用这些有志黑人青年，条件是他们每天为学校工作 10 小时，晚上读书两小时。他们工作得到的薪酬比伙食费还多些，除去基本的生活费用，他们把节省下来的钱存在学校的司库那里，以备自己读一两年夜校后，用来做读日校的伙食费。这样，他们在前一两年先学习一点知识，尤其是工商业方面的知识，然后再获取学院其他方面更为长远的益处。

阿穆斯特朗将军让我主办夜校，我依将军的指示而行。开办这间学校的时候，收了大约 12 个身体强壮、态度诚恳的青年男女。白天，大部分男生都在学校的锯木厂工作，女生在洗衣房工作。这两项工作都很繁重，这批学生中却没有人叫苦叫累。他们都是学业非常优秀的学生，非常用功学习，休息铃不响就绝不停止研究，常常他们在平常已经该就寝的时候，请求我继续授课。

这些学生白天做苦工，晚上读书，表现出极其勤奋认真的态度，因此我称他们为“勇士班”。这个名称不久就在全校叫响了，无人不知。夜校的学生读了一段时间，只要有好的表现，我就给他颁发一张印好的文凭，里面的措词大概是这样的：

兹证明詹姆斯·史密斯系汉普顿学院勇士班的学生，成绩优良，品行端正。

学生们把这些文凭当作宝贝一样，夜校也因此大为出名。几个星期之内，夜校发展得很快，学生已经增加到 25 个人。从此我就注意到这 25 个青年的发展，现在他们遍布南方各地区，都有重要而且有益大众的工作。12 个学生开始发展到有三四百名学生，汉普顿的夜校成了学院永久而且最重要的办学特征之一。

一无所有，却要成就这样的大事

—第七章—

新的挑战

阿穆斯特朗将军卸任后，荷立斯·弗立塞尔博士任学院院长。他也是我的老师。我除了管理学院里的印第安学生和夜校以外，还在包括弗立塞尔博士在内的一些教师的指导下做研究工作。

1881 年 5 月，我在夜校工作了一年的时间。这时，一个让我终生从事某项工作的机会降临在我身上，令我深感惊喜和意外。有天晚上，大家在教堂里做完了平日的祷告，阿穆斯特朗将军对我说，几天前他收到由阿拉巴马寄来的一封信，写信人是几位先生，他们在所在州的特斯克基的小镇上想开办一所黑人师范学校，他们请将军为他们推荐一位白人老师，因为他们认为这个职位黑人很难胜任。第二天，阿穆斯特朗将军把我叫到他的办公室，问我对他昨天说的那份阿拉巴马的工作是否感兴趣，有没有信心能够胜任这份工作。将军对我的信任令我很感动。我对将军说，我愿意试一试。将军得到我的答复后给几位先生回信，说他认识的白人之中没有可以推荐的，不过如果他们愿意用黑人的话，他这里倒是有一个很合适的人，他把我的名字告诉了他们。

我等了好几天，也未见回信。又过了一段时间，一个周日的晚上，信差送来一封电报给将军，当时我们正在教堂里祈祷。祈祷结束后，将军把电报的内容读给学校里的人听。电文如下：“布克尔·华盛顿人选适宜。请即派来。”

老师和学生听到这个消息都非常高兴，热忱地向我道贺。

我用最短的时间把汉普顿学院的工作交待完毕，然后就动身前往特斯克基。特斯克基是一个市镇，它位于一般叫做“南方黑人地带”的区域之内，2000左右的居民里差不多半数是黑人。在它辖属的郡里，黑人和白人的比例约为3:1，而在它一些附近的郡里，黑人和白人比例差不多达到6:1。

至于“黑人地带”的意思，经常有人让我解释它的来历。就我的了解，它最早用来指美国的那一部分与别处不同土色的地方。美国黑黝黝的沃土的那些地方，是南方奴隶主最容易发财的地方，运奴的贩子把大量的黑奴送到那里贩卖。随着时间的发展，特别是南北战争以来，“黑人地带”特指那些黑人多于白人的地区，并具有一定的政治意义。

无米之炊

动身去特斯克基之前，我以为学校已经一切筹备就绪，教室和教学设备都已齐全，只要老师一到就可以立即开课。结果我预想的都是泡影，当地连一座像样的建筑都没有，不免令我有些失望。但有一个情形却令我满意，那就是我发现那里有上千对教育怀有渴望之情的人们，他们急于想获得知识，求学的热情如火。

在奴隶时代，以及释奴以后，特斯克基镇一直是白人教育的中心，白人的文化基础雄厚。现在，这个小镇与外界联系并不多，距离铁路干线有五英里，只有较短的支线到达这里。镇上黑人比较集中，这里的黑人虽然无知，他们却没有像许多大城市里最底层的黑人那样普遍地堕落作恶，或把身体弄坏。这些为创办黑人学校提供了有利条件。这个小镇还有一个特点，就是黑人和白人之间并不像其他地区对立那么严重，相处还算和睦。小镇上有一家最大的由一个黑人和一个白人合伙经营的金属器具店，他们的合作一直持续到那位白人去世为止。

在我到特斯克基来的一年前，关于汉普顿办教育的一些消息传达到这里，黑人受到启发也有办学意向，于是委托他们的代表向州议会申请拨小笔资金，用来在本地创办一所师范学校。州议会通过这项请求，决议每年拨款 2000 美元。我到小镇后没多久，才知道这笔资金的用途只能用于支付教师的薪水，而办学所需的购买地皮、建筑房屋、添置设备等等款项，还没有着落。这种情景令我这位新到的教师很不乐观，觉得光凭我所学的知识还做不成创办学校这件事。黑人却非常高兴，一直想把学校办成，不断尽力在各方面帮忙。

当务之急是要找到一个可以上课的地方。我在镇上四处寻找，发现有一所简陋破落的小屋还算比较合适。这个小屋位于黑人美以美会教堂旁边，这座教堂同时兼小镇的会堂用。因为年久失修，教堂和小屋破败得一塌糊涂。这间被称为教室的小屋简陋至极，但我们还是如期开学了。在最初几个月里，我和学生上课时，一遇到下雨的时候，屋里也会阴雨连绵。一个年纪大一些的好心肠学生就会丢下书本，替我打伞遮雨，以便不影响我继续上课，许多时候，房东太太也会为我打伞，并让我在她家里吃早饭。

在我到阿拉巴马去的时候，黑人对于政治极感兴趣，他们都热切要我在各方面都站在他们一边。他们在这方面好像对于一个陌生的人有些不大敢信任。我记得有一个人来看过我好几次，这个人好像是别人派来指点我的政治路线的。他非常认真地对我说："我们需要你和我们投一样的票。我们不大会看报，不过我们知道怎样投票，我们就要你和我们一样投法。"他又说："我们注意白人，我们不停地注意白人看他投哪一方面的票；等我们发现他投那一面的票时。我们就投恰恰相反的票。然后我们就知道，我们投得不错了。"

可是仅仅为了一个人是白人便投票反对他这种现象，现在已经没有了，黑人现在在学习为原则而投票，为投票人认为对两个种族都有益的理由而投票了，我提这一点，心里是很愉快的。

最底层的生活

1881 年 6 月初我来到了特斯克基后，一边着手办学的事宜，一边在阿拉巴马各地旅行。我想研究那里的人民特别是乡村地区的实际生活状况，并向黑人宣传这所学校。大部分行程我是沿着乡村道路前行的，乘坐骡车，或者骡子拉着的四轮轻马车。我和乡下人在他们的小屋里同吃同睡。我看到他们的农庄、学校和教堂。我能了解那个农户的真实生活，是因为很多次农户事前没有接到通知说会有一个陌生人来访，他们没有事先精心的准备。这对我的调研是难能可贵的。

那些大农场一家人大都睡在一间房里，有时除了自己一家人之外，还有亲戚，或者毫无关系的人同睡在一间房里。有几次我到屋外铺床睡觉，或者等那家人上床后再睡。他们想方设法为我腾出一块地方来睡觉，或者是在地板上，或者在一张床上特别的一部分。小屋非常局促，洗脸洗手常常要在室外或院子里来做。

肥猪肉和玉蜀黍饼是乡下人平常吃的食物，有些人家只有玉蜀黍饼和黑眼豆，用清水煮熟后直接食用。他们生活的主要内容，就是花了很高的价钱在镇上店铺里买来肥肉和玉蜀黍饼，此外似乎不再考虑其他事情。其实小屋四周的地上完全可以种上各种蔬菜，别处乡村可以生产的，这里也能。而他们只知道种植棉花这种单一的农作物，许多地方的棉花一直种到了自家的门口。

我常常看到在这些人家里摆着一些奢侈的物件。比如花 60 美元的一笔大款或者分期付款买来的缝纫机，还有花 12 美元至 14 美元的华丽时钟。有一户人家放着一架风琴，那是分期付款总计 60 美元买来的。而我在这家用餐时，我们五个人却只有一把餐叉可以用。一把叉，60 美元的风琴!

这些奢侈品买到家以后，却很少能用得到。多数人家并不用缝纫机做衣服。那些钟的质量并不好，常常走不准。即使走得准，家里也常常没有哪个人可以说出它的时刻来。对于那架风琴，自然也是因为无人会弹而被冷落在一边。

前面提到的我们五人共用一个餐叉的那一家，对于能让我和他们坐在餐桌前共同用餐已是很难得的了，虽然这样用餐未免令我尴尬。多数人家平时用餐常是这样的：当全家早上起来的时候，女主人把一团面放在长柄矮脚小锅里，把一块肉放在煎锅里，再把这些锅放在炉子上，十到十五分钟后，早餐就做好了。男主人把饼和肉拿在手上向田里走去，一路走一路吃。女主人坐在屋角吃早饭，有时用一只盘子吃，有时就直接从锅里取来吃。孩子们则一面吃饼和肉，一面在院子里玩耍。在肉很少的季节里，那些年纪尚小不能在田里工作的孩子，就失去了吃肉的资格。午饭和晚饭的吃法和早饭差不多。

早饭后，家里就没有人打理了。全家人要到棉花田里去劳作，大人孩子都要参加。每个孩子长到拿得动铁锹，就得在田里做活了。每家至少有一个婴儿，被放在棉花田的陇头，母亲只有在砍完她那一陇棉花以后，才能稍稍照应婴儿一下。

平时所有的日子基本上都是按这种模式生活的。周六这一天，全家都歇工了，到镇上闲逛半天或一天。他们到镇上去买东西的时间是很短的，因为把家里的钱都拿出来消费也就只需一个人，在十分钟之内就能买完了。他们在镇上耗费的大部分时间，是站在街上闲逛或闲聊，妇女常常坐在某处一起抽烟或吸鼻烟。周日他们经常去参加大型聚会。在我到过的那些乡郡，多数农户的一年收成总是被他们欠下的债务押掉了，生活总处于入不敷出的境地，境况稍好的人家非常少。州政府没有在乡下成立学校，学校不得不设在教堂里，或者是圆木小屋内。好多次在我考察途经这样的学校时，我发现学校里冬天没有取暖的设备，教室内的教师和学生冷得受不了时，就跑到放在院子里的火盆旁边去取暖。这些乡村教师里能真正称得上老师的非常少，大多资质很差，师品也不佳。许多学校已经开课三五个月，学校里除了间或有一块蹩脚的黑板，就是什么教学设备也没有。有一次，我到一所学校里去，这所学校是由圆木小屋来充当临时教室的。五个学生共用一本书来读，而这五个学生并不是坐在一排，书放在两个坐在前一排学生的座位上，后面两个学生从前排两个学生背后望过来看这本书，而这四个孩子后面还有一个小家伙也要靠这本书来学习。

我走访的这些地方教堂的建筑和牧师的情形，也和学校教室和教师的情况类似。

在考察的行程中，虽然遇有许多的困难，但也遇到一些有趣的人。乡下人说话有特别的幽默之处。一次，我请一个年约 60 岁的黑人讲讲他的身世。他告诉我在弗吉尼亚出生，在 1845 年被卖到阿拉巴马。我问他那次和他一起卖到阿拉巴马的有多少人时，他回答道："总共五个人：我和我哥哥，还有三个骡子。"

在特斯克基我考察了四个乡郡，历时一个月。我之所以在这里细述这些，只是想让大家明白：虽然这些地方也有令人鼓舞的许多例外，但我看到的基本情形就是这个样子，把他们详细讲出来，是为了对比在这样的社会环境中做一些促动社会进步的事，不完全归功于特斯克基学院的努力，这是所有社会团体共同努力的结果。

第八章

务实的美德深入到每个细节里

各有所求的两个阶层

这一个月考察所见到的社会实际情形，不免令我的心情非常沉重。我觉得靠自己的力量去改变这些黑人的观念、地位，即使投入全部的时间和精力，成功的希望也很渺茫。对于我来说，我自己投入精力想去做的事，总是希望最后获得成功和收获。

虽然考察的结果不容乐观，但有一种想法却令我的自信心大大增加：照搬或模仿新英格兰的教育模式，对于这些黑人来说，并不有效。就像阿穆斯特朗将军在汉普顿依照黑人实际状况首创的那种，是明智之举。我清楚地知道，对于我的这些学生，仅仅让他们每天花几小时的工夫学习一点书本知识，并不能从根本上改变他们的观念和地位，甚至是在浪费他们的时间。

特斯克基师范学院定于 1881 年 7 月 4 日为开学日，这个日子是我和特斯克基的居民共同商议的，学校就设在我找到的那间小屋和教堂里。不但黑人，一些白人对新学校也都非常感兴趣，大街小巷都在热烈地说着这件事，人们热切地期待这一天的来临。

特斯克基附近有些白人反对这个办学计划。他们怀疑这件事给黑人带来的改变，同时害怕它可能会制造两个种族之间的争端。他们认为随着黑人教育程度的提升，他们在本州占据经济的主导地位便会下降。他们也害怕黑人接受了教育后离开农庄，或者不再服从他们的管教。

这些白人有一种误解，他们认为这所学校带给黑人的变化，就是黑人接受教育以后，一定会变成戴着礼帽和镀金眼镜，拿着漂亮的手杖和小山羊皮手套，穿了花样新奇的皮鞋那种有身份的人物。总之，这些受教的黑人此后一定是靠头脑谋生了。要使这些人懂得，教育可以造就各行各业、各式各样的黑人，是有难度的。

给予我最大支持的人

我克服眼前的种种困难，决心要把这所小小的学校创办成功。从我到达小镇起，历经 19 年的时间，有两个人自始至终支持我，令我信赖。我和他们两个就办学的诸项事宜一起商讨，相互请教，齐心办理。我事业上的成功也拜他们所赐，他们对我总是有求必应。我提及他们，意在示范。一位是白人，过去蓄养过奴隶的乔治 · 坎贝尔先生；一位是黑人，过去做过奴隶的路易斯 · 亚当姆斯先生。这两位就是写信给阿穆斯特朗将军找教师的人。

坎贝尔先生是位商人、银行家，没有太多办教育的经验。亚当姆斯先生在奴隶时代是机匠，学过皮匠、制造马具、洋铁匠等等手艺。他虽然没有上过一天学，可是在做奴隶的时候也想法子学会读书、写字。一开始，两位先生对我的办学计划就表示理解和支持，在各方面大力支持我。在学校财政最艰难的时期，我每次向坎贝尔先生请求，他总是欣然应允并尽力帮忙。他们两人，一个过去是蓄奴的人，一个过去是奴隶，关于特斯克基学院一切发展方面的意见和决断，除了他们两人，再没有别人更使我乐于依从的了。

我总觉得亚当姆斯先生的非常智力，得益于他在奴隶时代精通的三种手艺。如果有人现在到任何南方的城市去，问起那里谁是黑人中最可靠的领袖人物，我相信半数的人会想起一位在奴隶时代学会一样手艺的人。

他们认识上错在了哪儿

在学校开学的那一天上午，有 30 个学生前来报到，而教师只有我一人。学生中男女比例均等。特斯克基是麦垦郡的首府，生源也以麦垦郡为主。因为校方规定只收 15 岁以上，有过教育经历的人，所以那些非常想入学的青年就被拒之门外。入学的学生大部分是公立学校的教师，其中有些人快到 40 岁了，他们还带了些旧日的学生一起入学。等到入学考试，有些学生的成绩反比他们从前的教师好，可以插入较高班次，这真是件有趣的事。有些人说他们读过多少本大部头的书，有的人说他们精通许多高深的学科。因为越是表明自己读的是大部头的书，越是精通有名气的学科，他们就越感面子有光。有人学过拉丁文，有一两个人学过希腊文，他们以为凭这一点，就应该与众不同。

事实上，在我记述的那一个月的考察中，最感痛心的是一个读过中学的青年，应该算是在黑人中有学识的人了。他的衣服上却尽是油腻，屋子周围肮脏不堪，院子和花园里杂草丛生，而他却坐在只有一间房的斗室中研究法文文法。

第一批入学的学生，都把死记文法和数学上冗长而繁复的规律当作学习的主要内容和方法，很少有人考虑到这些知识与日常生活的联系，也不知道如何应用到日常生活中。他们喜欢长篇大论地讨论的一个科目是算术上的“银行和贴现”，并自以为已经很精通。没多久，我就发现他们谁也没有银行账户，连他们的邻居也没有。他们的名字差不多每一个人都有一个缩写字母位于姓前名后。当我向约翰·J·琼斯问起，“J”字在他的姓名中代表什么时，他说这个字母就是自己“名字”里的一个组成部分而已，没有什么意义。多数学生来学校接受教育的目的，认为自己毕业就有资格做教师，赚更多的钱。

虽然这些学生的学习方法和学习目的都有这样那样的问题，但是他们在学习方面却有最值得肯定的一点，就是他们是我见过的最认真好学的学生。所以他们经我稍加点拨，很快就明白学习是怎么一回事，并立刻就用心投入到这件有趣的事情当中。对于这些学生，需要在书本方面打好坚实的基础，我决心在这方面要有所作为。这些学生中虽然许多人自己说学过许多很流行并让自己能感荣光的学科，实际上却是一知半解，不过知道一点皮毛而已。脱离实际生活的他们，虽然能指出地球仪上的撒哈拉大沙漠或中国的首都，在餐桌上女孩子却不知道刀、面包和肉应该放在哪里。

对于这些自感学富五车的学生，需要我鼓起很大的勇气，才能告诉他们一个事实：比起研究立方根和“银行与贴现”这样的知识来，最聪明的、最重要的方法，还是要把九九乘法表彻底背熟。

开学后，每星期都有新生入学。到第一个月结束时，学生已经达到 50 多人了。然而大多数学生表示，他们在学校只能学习两三个月的时间，所以都要求读高年级，并且想在第一年就拿到文凭。

她的美德

开学六个星期后，学校里来了一位新同事，她就是后来成为我妻子的奥丽薇亚·戴维森小姐。戴维森小姐品性善良，乐于奉献，教学经验丰富。她生于俄亥俄州并在那里受了公立学校的大学预科教育。从小她就耳闻南方需要教师，毕业后她来到密西西比州开始了执教生涯。这期间她的一个学生得了天花病，周围的人都害怕被传染，谁也不愿意照顾这个男孩。戴维森小姐自愿放下手头的工作，日夜照看这个生病的男孩，一直等到他完全康复。她在家乡俄亥俄州休假的时候，田纳西州孟斐斯的黄热病流行，那也许是南方有史以来最厉害的一次。戴维森小姐闻知此事，立即给孟斐斯的市长发电报，表明自己志愿去当黄热病人的看护，虽然她从来没有得过这个病。后来她又在孟斐斯执教了一段时间。

戴维森小姐在南方工作经验丰富，她知道对于那里的人们来说，仅有书本的知识是不够的。她非常赞同汉普顿的教育制度，认为自己在南方开展教育工作，这种模式是非常有必要的。波士顿的玛丽·汉莫诺夫人非常欣赏她卓越的才能，并想帮她实现她对教育的夙愿。承蒙夫人的善意与慷慨帮忙，在戴维森小姐于汉普顿毕业后，推荐她到富拉明恩麻州师范学校继续接受为期两年的深造。

在到富拉明恩之前，为避免因肤色受到不公正的待遇，有人向戴维森小姐建议，她可以以自己的肤色非常淡来隐瞒自己的黑人身份。戴维森小姐态度非常坚决，她说，她永远不会隐瞒自己的黑人身份，无论在任何情形之下，也不问有任何情由。

在富拉明恩师范学校毕业后不久，戴维森小姐就来到特斯克基。她为这所学院带来了许多可贵又新鲜的经验。她无私高尚的人格，给学生以极大的感染力，在这方面很少有人能超过她。夯实特斯克基学院的基础，并使它成功在握，可以说首功当属戴维森小姐。

对于底层来说，为什么务实更显重要

戴维森小姐和我建校之初就商量学校的未来发展计划。学生们虽然在读书和发展智力方面进步很快，可是对于他们来说，让他们终身获益，除了让他们接受书本上的教育以外，还得教给他们更多的生活技能，比如如何使自己的身体更加强健，如何经营自己的家庭。有些学生被当地一些家庭收容寄宿，但这些家庭比学生自己的家庭也好不了多少。所以，一切生活方面的礼仪和技能，我们都从最基本的教起，比如教学生怎样洗澡，怎样刷牙，怎么清洗和整理衣服，怎样料理他们的房间，教他们吃什么样的东西，进餐时要注意什么。除此之外，我们还教他们一样手艺和勤奋、俭省的精神，让他们毕业后具备自谋出路的能力。我们不单要教他们读书，还要教他们研究实际的事物。

我们的学生多数来自以农业为主的乡村，祖辈世代为农。在墨西哥湾各州有 85% 的黑人以农业为生。学生的这种实际状况，使我们的教育目标必须定位在让他们喜欢农业劳动，不能变成游手好闲，被城里的生活吸引，盲目地想仅凭文凭和智慧就可以在城里过活的人，我们不仅仅要使他们大部分具备做教师的能力，不仅仅在智力、伦理、宗教生活方面要有新的能力、新的观念，同时还要让他们回到乡村的大农场区域，教农民学会用新的能力，新的观念去种田，这才是他们需要的教育。

当这样的想法和教育需求都摆在我们面前时，简陋的办学条件却一时让我们有些无所适从。特斯克基镇上的人好意借给我们的那一间小屋子和那间残破的教堂，是学校的教室，而每天都会有新的学生入学。随着我们生员的不断扩大，我们在乡下越来越深入的考察，我们愈发觉我们的设想和努力符合人们真正的需要，虽然这不是所有人的需要。我们设想经过我们训练过再被派出去做主力的学生，能提高当地人们的生活水准。我们的学生来自本州各个地区，随着我们不断地了解，发现大部分学生的志愿接受教育的目的，是以后脱离繁重的劳力生活。

有一个真实的故事可以例证这种思想：酷暑的七月，一个黑人在棉田里做工，忽然停下来向天仰望着说道："主啊，棉田里怎么会有这么多草。在炎热的天气里还有做不完的活，我相信，神正在让我这个黑人去传教！"

亲自动手建第一座校舍

开学三个月后，我们正为教室紧缺而感焦急时，恰逢有一座大农场出售。这座农场位于特斯克基镇一英里以外，破旧荒凉。农场里那个大屋子是过去奴隶时代奴隶主居住的，现在已经被人放火烧掉。我们觉得，我们如果把这所学校长久地办下去，并把各项工作做好，有这样一处地方作为校址是必不可少的。

虽然房主要价并不算高，只有 500 块，但对于贫困的我们，还是一个大数字。在这座城里我们没有一个熟人，告贷无门。那块地的主人最终答应让我们使用这个大农场，条件是我们先付 250 块钱现款，在一年之内付清余额 250 元。对于我们来说，筹到 250 元现金，是相当困难的一件事了。

我鼓起足够的勇气，给我的朋友汉普顿学院的司库马歇尔将军写了一封信，把学校目前的困难告诉他，并向他借 250 块钱，讲明这钱由我个人负责偿还。几天之后将军给我回信，他说他没有权利借汉普顿学院的钱给我，但是他愿意把他私人的钱借来用于购买校舍。

我承认，将军肯借钱给我，非常出乎我的意料，并且令我心里大获安慰。到那时为止，我手里还从来没有拿过超过 100 元的钱，向马歇尔将军借的 250 元，在我眼里是一笔非常大的数目。巨债压肩，令我感觉心头沉重。

我片刻未敢耽搁，马上把学校迁往新农场。农场有几间小屋，从前用来做餐室的，一间旧厨房、一个马厩、一间旧鸡舍。我们只用几个星期的工夫，就把这些房间充分利用了起来。那马厩、鸡舍经过一番修理，当作教室。

我记得有一天早晨，我对住在附近有时帮我忙的一个老黑人说，我们的学校扩大了，一定要把鸡舍打扫出来给学校用才行，我要他第二天把它彻底收拾干净，他态度非常严肃地回答道 :“你是什么主意，校长？你当然不会在白天去把鸡舍收拾干净吧？”他特别着重说“白天”这个词，把农场改建成校舍，几乎所有的工作都是我和学生们利用课余时间完成的。

等到修缮好所有的小屋，我决定在学校里开垦一块田地。当我把这个计划向学生们提出的时候，他们并不是很感兴趣，有些不大情愿的样子，甚至有些以前做过教师的学生，觉得开垦荒地有违自己的身份。他们还没有太理解在开垦土地和教育之间有着怎样的关系。为了让学生知道劳动的真正意义，也为了免得他们受窘，每天下午下课以后，我便拿了斧头，带头到树林里去。学生看见我不怕做工，也不以做工为耻，他们也都欣然来帮忙了。每天下午我们都在地里工作一会儿，最后成果喜人，开辟了大约 20 亩的地方出来，种了一季稻子。

学校初有模样，戴维森小姐就计划偿还债务的办法。办法之一是举行“宴会”。她到特斯克基镇上所有的白人、黑人家庭中进行游说，请他们捐一些东西出来，如蛋糕、鸡、面包、饼等，以便在宴会中出售。黑人家庭都愿意省一些东西捐出来。公正地说，戴维森小姐去过的白人家，每家都为这次“宴会”捐赠了东西，在许多方面，白人家庭表现了对这所学校的关心。

这样的宴会举行了好几次，筹到了不算小的一笔款子。

办法之二是向黑白两种族的人直接募捐。凡是戴维森小姐请求过的人都有捐助。那些上了年纪的黑人的募捐行为常常令我们感动。他们一生中年富力强的岁月都是在奴隶生涯中度过的，到了老年，他们大多穷苦窘迫，但他们有的拿五分钱出来，有的拿两毛五分钱。有时他们捐一床被，有时捐一些甘蔗。我记得有一位 70 岁左右的黑人妇女，在我们为农场募捐筹款的时候，步履蹒跚地来找我。她虽然衣衫褴褛，却很干净。走到我房间时，她很是疲惫，身体靠在手杖上说：“华盛顿先生，老天知道我的好日子都用在奴隶时代了。我一个字不认识，家里也寒碜，但是我明白你和戴维森小姐办学校这回事。我知道你们要抬举黑人的男女老少。我没钱，可是请你收下这六只鸡蛋，这是我省下来的，算是我为办学出的一点力吧。”

自从在特斯克基开办学校以来，拜许多人所赐，为学校的建设出资出力，使学校得以正常的发展。在这些人中，这位黑人老妇人尤为令我感动。

第九章

成为两个阶层共同的朋友

圣诞节里的陋习

时间过得很快，我们来特斯克基的第一个圣诞节到了。我们一直想观察当地人们的真实生活状况，这个节日是个机会。圣诞节那天，从夜里两点到清晨五点，敲门声不断。几十个孩子来到我的小屋，喊着："有圣诞礼物吧！有圣诞礼物吧！"这样的风俗至今仍然保持在南方各地。

南部各州在奴隶时代圣诞节这天普遍都有一个惯例，给黑人放一个星期的假，有时放假直至"圣诞柴"烧完为止。假期黑人男子总会喝得酩酊大醉，女子也不例外。特斯克基本地以及附近的黑人，从圣诞前一天起就停止了工作，一直持续到新年结束，在这个星期之内很难看到在工作的人。那些平日滴酒不沾的人，也认为在这个节日痛饮一番是再正常不过的事。伴随着人们的豪饮和狂欢，人们总是拿起长枪、手枪、火药来刺激一下麻木的神经。大量的木材在这个假期被燃烧殆尽。

在第一年的圣诞假期里，我离开学校去乡村考察大农庄人们的生活状况。虽然他们贫困无知，但逢着圣诞这样神圣的节庆假日，每个人也都想在凄苦的生活中寻些快乐，而这样的快乐让人看着却不免心生酸楚。有一家五个小孩纪念基督降生的礼物，就只有一串爆竹。有一家五六个人只有前一天从店铺里买的值一角钱的姜饼可以分享。有一家节日的盛宴是几根甘蔗。有一家屋里除了一杯价廉质劣的威士忌酒，再也看不到任何节日的食品，只这一杯酒，夫妻两人也会痛饮，虽然这家的丈夫是当地的牧师，我却发现他家里用来取火的，是弄来的做设计广告用的几张颜色鲜明的纸片。在其他人家，家里有些人买了一把新手枪。这个假期里，人们白天都在家里呆着或出门闲逛以外，没有人愿意在这样的日子里去工作，救主就要降临的迹象一点也没有。夜间人们常常在大农场的小屋里来一次所谓狂欢会，狂欢会上主要的模式就是人们伴着疯狂的舞蹈喝很多酒，有时还会有人开枪、或用剃刀伤人。

在考察期间我遇到一个老黑人，他是当地的传道人。这样的传道人在当地有很多。他说，根据亚当在伊甸园的经验，造物主是诅咒一切劳动的，因此工作等同犯罪。他想尽办法不去工作，觉得这是远离犯罪的救赎，是自已获得幸福的法门。他极力想说服我接受他的观点。

我觉得有必要让我的学生知道圣诞节的意义，该怎么过这个神圣的节日。我用心讲给他们听，并取得了很大的成效。我可以无愧地说，这个节日现在有了新的意义，不但在那一地区周围如此，而且只要我们的学生走到哪里，哪里就会受到影响。

在现在的特斯克基，感恩节和圣诞节里最令人欣喜的内容，是我们已经毕业的学生和在校的学生用大量的时间去安慰别人，温暖别人，使别人感到愉快。给那些生活极为困窘和不幸的人送去照顾和关心，这种毫不自私的善举，令人们感动。就在不久前，我们这些学生，只用一个星期就为一个 75 岁可怜的女黑人造了一间小屋。还有一次，在小教堂里我向大家说，有一位学生家里穷困，他因为没有过冬的上衣而在挨冻。第二天上午，在我的办公桌上就放着两件上衣。

拉近与当地人的距离

我在前面说过，在特斯克基镇以及附近的白人，都有一种风气，就是愿意为我们学校的发展提供帮助。这种风气的形成，也和我最初的想法有关。在办学伊始，我就决意使这所学校真正融入到当地人们的生活中，成为他们不可或缺的一部分，而不是让他们心生这是外人办学的想法。如果他们有外人办学的想法，对学校就会既没有责任，也不会有任何兴趣。在我和戴维森小姐请当地人捐款买地那样的活动中，大大拉近了当地人对这所学校的感情，他们觉得这是他们自己的学校，也是他们当地社会组织的一部分。我们广泛与当地白人结交，成为朋友，因为我们的出发点是让这所学校对当地所有人都有真正的贡献，所以我们的想法能够最终成行，白人对我们学校的态度也渐渐友善起来。

在这里我还想再强调一下，据我了解，目前特斯克基学校不仅在阿拉巴马全州拥有许多朋友，而且在整个南方，这样热心的朋友也很多。这些朋友里既有黑人，也有白人。办学伊始，我就对南方的同胞和他们的邻人说，要用各种光明磊落的心胸去做朋友。我劝他们在道义不受威胁情形下，顾到当地社会的利益，并且和他们的朋友共同商量有关投票的事宜。

筹 款

我们筹款用于购买农场，历时几个月的时间才见成效，期间没有片刻停歇。三个月之后，筹齐了250块钱，还给马歇尔将军。又过了两个月，我们把500块钱凑齐，终于得到了那100亩地的地契。这意味着我们的学校拥有了一个永久的校址，而且这样的结果是出自特斯克基镇上的白人和黑人的共同善举——资金多是从举行宴会和音乐会得来，此外是许多小数目的捐款，所以我们的内心无比欢欣和宽慰。

我们的另一个计划是增加土地的产出，借此获得一些收入，同时也给学生一些农业上的训练。我们没有选择工业方面的训练，是因为当时特斯克基所有的工业，已因当地的需要和安定，很自然、很合理地推展开来。我们从农业着手，是因为我们需要为学生提供食物。

许多学生之所以时断时续地上学，有时只能在学校学几个星期，是因为他们没有足够的钱付学校的伙食费。为了能让学生在一个学年中的九个月里都在学校学习，就得想办法帮助学生赚钱。

特斯克基镇一位白人送了我们一匹老瞎马，这是学校的第一个动物，发展到现在，学校里已经有了200头公马、小马、骡子、母牛、小牛、公牛，大约有700头公猪、小猪，还有大群的绵羊和山羊。学校的人数不断增加。我们买下农场，把原来的屋子修缮一番，开始耕作以后，就开始谋划另一件事情。学生的人数在不断增加，建一所大而坚固的教学房显得很有必要。经过很长时间的思考，我们决定投入6000元，建一所教学房。虽然对于我们来说，这是一个巨额的投入，但我们深知，对于学校的发展来讲，不进则退。

正在这时，有一件事情令我感到意外，也颇惊喜。我们计划建教学用大房子的消息传到镇上后，有一位南方白人找到我。他经营着一家锯木厂，工厂离特斯克基不远。他表示，如果我愿意许诺，等建房的款子筹到以后就付款，他愿意把建房所需要的木材先借给我用，我们不需要抵押任何东西。我如实告诉这位商人，我们现在手上还没有一分建房的资金。尽管这样，他还是非常信任我们，执意要把木头搬过来，放在学校。等到我们筹到了一部分钱以后，我们双方就按先用木材后付款的办法签订了协议。

戴维森小姐为促成建房一事，在特斯克基及附近的白人和黑人中间用各种方法筹措一小笔一小笔的捐款。令我感动的是，我从来没有看到哪个地方的人们对任何事，像这里的黑人对于这座新房屋的计划这样热情支持的。有一天，我们正在为建筑费筹款开会的时候，一位老黑人来到会场，他出生在南北战争以前，家里距离学校有12英里。这位老黑人用牛车装了一只大肥猪。会议进行当中，他起身发言，说："我家里没有什么钱，只有两头很肥的猪，今天我带了一头捐给学校做建筑费。我想，任何黑人，只要有一点点爱种族的心，或者一点点自尊心，都会在下次开会的时候带一头猪来的。"人们除了捐款捐物以外，还有很多人都自动贡献几天的工作，帮助建造房屋。

在特斯克基镇人们给了我们所有的帮助后，筹到的资金还是不够建房所需，戴维森小姐就决定往北方一行，继续募捐，以便凑足这笔资金。她一路拜访了许多人，用几个星期的时间在教堂、主日学校和其他机构里演说。这样的工作令她自感很困难，时常受窘。虽然学校没有什么名气，但是费时不多，她就赢得了一些北方热心人的信任。

戴维森小姐在北方募捐到的第一笔款子是一位纽约的太太捐助的。戴维森小姐在去北方的船上与这位太太相遇。她们交谈得很融洽，我们学校的计划令这位北方太太大感兴趣，在她们分手之前，她把一张 50 块钱的支票交给了戴维森小姐。

在我们结婚之前以及结婚之后，戴维森小姐对于为学校所做的募捐工作，一直亲历亲为，不断地在南北方用亲自拜访或通信方法，让热心的人能关注到我们的学校，并能有善举支持学校的发展。除了这些工作，戴维森小姐还兼任女校的校长和教师，并在特斯克基及附近地区从事一些社会工作，还要教一所主日学校的课程。她的身体并不强健，但却没有妨碍她投入所有的精力去做她热爱的事业。她总认为自己为学校的发展努力得还不够，经常挨家拜访游说，使人们能够对特斯克基的工作产生兴趣。而晚上回到家里，她常常累得连脱衣服的力气都没有。她曾拜访过一位波士顿的太太，这位太太后来对我说，有一次戴维森小姐去看她，名片递上去后，她因事耽搁一会儿才出来见戴维森小姐，她走进客厅时，戴维森小姐已经累得睡着了。

在筹款过程中，令我难忘的事情数不胜数。我曾向一个债权人借 400 元钱，可是到了快到归还借款的日子时，我却还是身无分文。还款日那天十点钟，邮差给我送了一批信，其中有一封信来自戴维森小姐，她给我寄来了整整 400 元的支票。这是波士顿的两位太太资助我们的。我还想说的是，两年后，学校快速发展，而我们的办学经费依然捉襟见肘，异常困难。就在我们为学校的前途深感焦虑时，这两位波士顿太太又寄来了 6000 元钱。两位太太以后每年都捐助我们 6000 元钱，一直持续了 14 年之久。这种雪中送炭的感动和鼓励，真是任何言语也难以描述。

意义非凡的奠基礼

我们把这座新校舍起名为波尔特尔堂，是为纪念纽约布鲁克林区的波尔特尔先生的。新校舍的图纸设计好后，学生们下课后就开工挖建筑的地基。有些学生的内心里还是有些排斥自己动手工作，他们觉得自己到学校来，是为了接受教育，而不是做工，一位学生亲口表达过这种想法。不过没多久，赞成工作的想法渐渐得到认同，令我很欣慰。几个星期后，繁忙辛苦的工作已经初见成效，地基全部打好，奠基典礼的日子也定了。

奠基礼举行的地点是美国奴隶制度最盛行的地区，这是南方心脏里的“黑人地带”。16 年前，这里实行的还是奴隶制度，不论是谁，如果想教黑人读书，都会受到法律的制裁和社会的憎恶。而 16 年后的这个春天，在特斯克基镇上的奠基典礼，意义非凡。

奠基礼上主要的演讲词由本地教育局局长汤勃森先生发

表。在基石周围聚集了许多教师、学生、家长和朋友、本郡的白人官员和附近一些著名人士，还有十几年前被这些白人当所有物掌握着的大群黑人男女。不论是黑人，还是白人，都想行使自己在基石下放一些纪念物的特权。

坚守诺言　践行信用

在波尔特尔堂完工之前，我们一直经受着资金紧张的煎熬，生活也常陷入困苦之中，经常因为账期已到无钱还债而心急如焚。日积月累，债务如山，不知道从哪里可以筹到钱来，可为了学校的发展却要想各种办法建造校舍。无数个夜里因为下一笔款项还没有着落，我忧心如焚，在床上辗转反侧，难以入眠。凡是没有经历过这种煎熬的人，很难体会到这种千方百计应付困难是什么样的滋味。我深知，我所做的事情不仅仅是办一所学校，某种程度上说，更是一种试验：试验黑人创办和主持大规模教育机构的能力。如果我们失败，会使我们整个种族的内心受到损伤打击。世人的普遍看法是我们黑人做不成这样的事情。他们认为，白人做这样的事情，成功是理所当然的，而换成黑人，有一点成就，也令他们感到意外的诧异。这种压力就像一千磅的重量，压在一方寸的面积上一样。

在我最困难的时候，去找镇上的人帮忙，无论白人还是黑人，没有一个拒绝过我，都量力而行给我各种帮助。有很多次，成百上千块钱的账单到期时，我只好去镇上向白人借小额的钱，经常向五六个人借一笔笔小数目的钱，凑足再去还欠人家的债。在借钱这件事上，我一开始就有一种想法，就是信守诺言，不能有损学校的信用。那位曾向阿穆斯特朗将军推荐我来特斯克基的坎贝尔先生曾经给我的忠告，一直牢记在我心中。他曾经用慈父般的口吻对我说："华盛顿，记好，信用就是钱。"我可以不夸张地说，我践行了我对信用所下的誓言。

有一次，我们似乎陷入了一种绝境，我就自己真实的情形坦白地告诉阿穆斯特朗将军。将军毫不犹豫地把他积蓄起来预备自己用的全部的钱，开了一张支票给我。阿穆斯特朗将军不止一次像这样帮助特斯克基学校。我想，这件事我从来没有公开透露过。

1882 年夏季，学校第一年的工作结束，我和戴维森小姐结婚。初秋时候，我们在特斯克基有了自己的家。这时我们学校的教师已经增加到四人了，我们的家也成为几位教师共同的家。我的妻子一边为学校尽力，一边照管家务。由于过渡劳累，她在 1884 年 5 月一病不起。在我们结婚期间，我们有了一个女儿，取名博夏。妻子和我在建校之初携手共事，志趣相投。我们都把精力和热情投入到了学校的工作中，可是当学校有了辉煌的成就时，她却撒手尘寰，离我而去。

第十章

为什么要证明一切皆有可能

学会可贵的自食其力

建校之初，我的教育内容之一是学生要学会自食其力，不但要学会用最新最好的方法做田里的工作和家务，还能学会建造自己的房屋。这样做的目的，一方面学校的建设需要人力，另一方面，学生在这个过程中，懂得了劳动的真正用途，也认识到了美丽和尊严。学生学会区别于以前的那种低效劳动，学会利用空气、水、蒸汽、电力、马力，把知识运用到劳动中，使劳动变得不再等同苦工苦役，劳动逐渐变成一件快乐的事情。

许多人最初并不理解我的这一想法，觉得这个想法并不明智，甚至劝我放弃让学生去建校舍的计划。我执意坚持的原因，是出于这样的想法：比起那些熟练的建筑工人，学生建的校舍肯定有不完美的地方，住起来也不会那么舒服。但在建房过程中学生形成的文明、自助、自强、自信而言，足以弥补任何他们建成的校舍方面的缺陷。而这些品德，对于学生来讲，并不比书本上的知识显得有什么多余。

还有一个道理，我也讲给了那些怀疑这个计划的人。我们多数的学生来自贫困的家庭，他们的家多是南方产棉花、糖、米的大农场里的“小屋子”。他们从简陋的小屋住到精美的大建筑里，自然很开心，但我却觉得，如果他们能够学会自己建筑房屋，这样的发展进程对他们人生的历练更自然得多。虽然这个过程中错误在所难免，但是这样的错误也是财富，对于学校和学生未来的发展，会有益处。

今天的特斯克基学校走过了 19 年的岁月，这个计划仍然维持不坠。学生建筑的房屋已有大大小小的 40 余座，其中除了四座，几乎全是学生自己劳动的成果。这个计划结出的另一果实是：从我们学校走出的成千的学生如今分散在南方各地，他们当年在校时为建筑房屋学习到了机械知识。于是一班学生把技术和知识传给另一班学生，现在我们的教师和学生从设计图纸到装置机器，不需借他人之力就可自行完成。任何风格，任何规模的房子，他们都不用去外面找一个工人。

有些新生刚入学时，用铅笔在屋子上乱画或者用小刀刻划，使房屋的外观受到污损，不时有高年级的学生对他们说："请别这样做，这是我们自己的房屋，我也出了力的。"

在没有技术和资金情况下的选择

在建筑房屋的最初阶段，最棘手的问题就是怎样造砖。等到我们的农场工作准备就绪，我们的下一计划就是着手制砖工业。制定这一计划的原因，除了我们自己急需砖外，这个镇上没有一家制砖厂，所以也很有市场需求。

虽然"以色列的子民""制砖却没有草"，令人同情。但我们却是制砖没有钱，没有技术，没有经验。

这是一份又辛苦、又肮脏的工作，很难得到学生的帮助。如果让他们做这个工作，他们对于书本教育外加劳工的不满情绪就更强烈了。叫一个人站在没过膝盖的烂泥坑里持续几个钟点，实在令人生厌。一些学生受不了这样的苦便离校而去。

经过多处寻找，终于找到一处供制砖用的采土之地。我原本以为制砖工作并不难，没多久我就得到痛苦的经验，特别是烧砖，需要专门的技术和知识。我们费了九牛二虎之力，用模子做了 25000 块砖，把它们放进窑里去烧。因为窑造得不好，烧的方法也有问题，一个成品也没有出来。我们立刻着手又造了一个窑，不知为什么，还是没有。两次失败，学生再也没有劲头参与这个工作了。但是在汉普顿受过工业训练的几个教师自动愿意效劳，我们总算有了第三个窑可以烧砖了。烧窑大约要用一个星期。到了下半个星期，我们以为这一次几小时内一定可以烧好几千块砖了，谁知半夜里那座窑又倒了。第三次，我们又失败了。这三次失败，耗费了我手里的所有资金，我没有钱支持下一次实验了。周围的人劝我放弃制砖的计划。在困境中我想到许多年前我拥有的一块手表。我来到离学校不远的蒙特哥美利城，把这只表送进当铺。回到学校后，我重振旗鼓，发动已经气馁失望的队伍，用当来的 15 元钱，做了第四次制砖试验。这次试验很成功，令我们分外惊喜。只是那块表典当期已过时，我还是没有钱能把它赎回来。从此我失去了这块表，但却从来没有为此而懊悔过。

制砖现在成了这所学校的重要工业，学生生产出的砖品质优等，数量也很可观，上一季我们的学生生产了 12 万上等的砖。这些砖可以拿到任何地方的市场出售。许多年轻的人掌握了制砖的手艺，无论是手工砖，还是用机器制砖，他们都驾轻就熟。很多学生毕业后在南方各地，依靠这门手艺，找到了可以长期从事的一份工作。

互有所需成为改善关系的良方

制砖售砖的过程还给了我一个重要的启示，就是关于南方种族关系方面。此地的许多白人原本和这所学校没有什么关系，也不十分热心学校的发展，但因我们造的砖质量很好，他们出于自己的需要就来学校买砖。他们和我们接触并使用我们生产的产品后，都觉得我们确实在为社会解决着问题。他们改变了原来教育黑人就会把黑人变成无用的人的观念，认同了我们教育学生，是在为社会增加着财富和舒适度。我们不断和附近前来买砖的人认识并有所接触，我们有些他们需要的东西，他们有些我们需要的东西，我们相互交易，互相购买各自所需的东西，从而在生意利益上互相有了关系。交易的过程中大大推动了我们和附近的白人建立愉快关系的进程，直到今天这种良性的关系仍然存在，而且惠及到整个南方的种族关系。另一方面，那些毕业后从事制砖产业的学生，无论在南方的哪个地方，他们对于当地社会的福利总是有些贡献；他的贡献使社会多多少少觉得欠他的情分，也许还觉得多多少少要依赖他。在这种情形之下，两个种族之间产生了愉快的关系。

我总觉得，人性中有些特质是一个人认识了别人的优点后总会给以认同和报酬，不管这种优点体现在哪一类肤色上。我也发现，看得见、摸得着的东西是化除偏见有效的良方。一个黑人建造出一所做工精美的房屋，比长篇大论地讨论他应该建筑一座房屋，或能够建筑一座房屋要有力量得多。

制砖的经验和成效给了我们启示，我们运用同样工业教育的原则，开始着手进行制造四轮运货马车、二轮运货马车、轻马车工业教学。这些车辆我们不仅用来自己使用，也拿到市场上出售。现在我们自己的农场上、学校里使用的几十辆车，都出自学生的亲手制成。我们售出的车辆，也因为质量良好，得到的效果和供应砖头完全相同，那些毕业后从事造车和修车的人，无论到哪里，两个种族的人都因他们的贡献以恩人相待。和他们一起生活、工作过的人，每遇分别之时，无不对他们表现出难舍之情。

如果一个人所做的事，对别人有用，对社会有用，无论他的肤色如何，他都可以称得上是一个成功的人。如果一个人迈入社会，想让社会上的人懂得分析希腊文句，而此时社会上的人需求的并不是这些，而是砖头，房屋，马车，那么，首先就必需满足这些眼前的需要。等到他们得到满足后，才能引导他们产生分析希腊文句的兴趣。任何时候，物质的需要总比精神的需要来得急迫，而精神的需要又是物质需要得到满足后不可缺少的寻求。

学生对于我们农业和工业的教学设计，并不十分支持，甚至在第一批砖刚刚烧制出来时，反对的情绪达到了最大化，以至于我们不得不面对这一问题。这时本州各地都有所耳闻，每一个入学特斯克基的学生，无论他的经济状况如何，必须学一些手艺。学生的家长也不赞成这项制度。有些家长来信抗议，有些家长亲自来校抗议。刚入学的学生出示家长出面或口头的请求，表明他们只要读书，无需学习别的。书读得越多越深，书上印的名字头衔愈长，学生和家长似乎越是开心和放心。

对于这些抗议，我没有一丝妥协。我尽量利用各种机会到本州各地去和家长面谈，把工业教育的好处解释给他们听。此外，我和学生不断谈论这件事。虽然这项工作成效缓慢，工业的劳作不受学生的欢迎，但学生的人数并未减少，反倒一直在增加。到办校的第二年，学生人数已达 150 多人。这些学生不仅来自阿拉巴马州各地，还有一部分来自其他州。

优秀的搭档

1882 年夏天，为了给学校的新校舍筹款，我和戴维森小姐都去过北方。在行程中我曾在纽约逗留几日，是想从几年前我认识的一位传教机构的高级人员那里，拿到一封介绍信。这个人不但拒绝替我写信，还认真地力劝我放弃筹款办学的想法。他认定，我即便筹到善款，也不够支付我此行的路费。对他的劝告我表示感谢，但依然坚定地继续前行。

在北方，我行程的第一站是麻州的诺坦普顿。因为从来没有奢望哪个旅馆肯让我住宿，所以我在诺坦普顿用了半天的时间寻找认识的一家黑人，以便在他家留宿。可是我不久发现，旅馆允许黑人住宿，并且是很容易就办得到的事情，这令我大感惊异。

我们筹到建校用的大笔资金后，那一年感恩节我们决定在波尔特尔堂的教堂里做礼拜，虽然那座房屋还没有完成。需要有一个人谈谈感恩的道理，我找到了罗伯特 · 贝弗尔牧师。我以和他结识为幸。他是来自威斯康星的白人，任职阿拉巴马蒙特哥美利的黑人公理会的教堂，是一位非常难得的牧师。在此之前，我们二人互不相识。在我主动登门拜访后，他欣然同意来特斯克基来主持感恩礼拜。这是那里的黑人第一次参加这样的礼拜，他们满怀期待和兴奋！新校舍的景象使他们心怀感恩之情，永生难忘。

尔后，贝弗尔先生答应做这所学校的董事，在以后的 18 年之中，他担任着职务，为学校工作日夜操劳。在这 18 年内，学校的每件事，无论大小，哪怕是极为细枝末节的琐碎工作，他都乐于担当和奉献。他从不顾及自己，总是把那些别人毫无兴趣，且最不喜欢做的事承揽下来。在我们的整个交往过程中，他好像是我所认识的一切人中，最接近上帝精神的一个。

我还要提一位人物，如果没有他，这所学校就不会有今天的成绩。他就是瓦伦 · 罗根先生。他从汉普顿毕业以后，就来到我们学校工作。在学校工作的 17 年里，他既是学校的会计，也是我公出期间的代理校长。他品格高尚，总是表现出无私忘我的精神，他具有卓越的办事才能和对事物准确的判断能力。无论我外出多长时间，他总能把学校各项事务管理得井井有条。在学校所经历的历次财政危机中，他坚韧的忍耐力和对我们最后胜利的信心，始终不曾有过动摇。

在这样的混乱状态下

第二年的夏季，我们的第一座校舍即将竣工。有一部分房间可以利用起来的时候，我们增加一个寄宿部，用来招收远地的学生。这些学生入学后，我们觉得在家庭生活方面需要好好照顾他们，而不仅仅停留在教学的工作上面。新校舍里没有单独用作厨房的房间，学校也没有像样的餐厅设备。我们决定在这座房屋下面再挖出一个空间来，建造一间可以部分采光的地下室，用来做厨房和餐厅。我继续号召学生亲自动手做这项工作，经过几个星期的努力，我们就有了一处可以烧饭和用餐的地方。这处地方虽然条件简陋，在里面用餐并不令人舒服，如果今天去看它，几乎很难相信这是一间餐厅，但在当时，却是解决寄宿学生温饱的用武之地。

办寄宿部对我们来说并不是一件容易的事，我们没有钱来买宿舍里必需的家具。镇上的商人给我们很多的支持，愿意我们赊账购买我们所需的食物。在最艰难那几年，别人对我们学校的信心有时比我还要坚强，令我内心受窘。餐厅虽然建好，却没有煮饭的炉子，没有用餐的餐桌和碟子。最初，我们是在户外，用最为原始的办法，在火上架上小锅来煮饭。那几条木匠建筑房屋用的长凳，被拿来当作餐桌用。

学生们对于用餐时间也没有明确的概念，从来都没有想到需要在固定的时间去餐厅用餐，为这事我也颇费脑筋。餐厅的工作每件事情进展得都不顺利，在最初的十几天，每顿饭做得都没有成功过，肉不是没有烧熟就是烧焦，面包里经常忘记放盐，茶也总是想不起来去煮。一天清早，我站在餐厅门口，听到学生对餐厅的抱怨特别多。抱怨的原因是早饭都煮坏了。一个女生没有吃到早饭，来到外面的井边汲水喝，想用水来充当早餐。当她发现井里汲水的绳子断了，连水都喝不到时，她非常沮丧地说："在这所学校里，我们连水都喝不到。"感谢她，让我听到这么真实的抱怨，虽然她说这话时并不知道我站在她的身边。

还有一次，学校董事贝弗尔先生来学校视察，他的卧室就设在餐厅上面。一天早晨，餐厅里剧烈的争吵声把他从睡梦中惊醒。争吵的原因，是两个男生为这次早餐应该由谁用那只咖啡杯而引起的。其中一个男生已经有三个早晨没有用到那只咖啡杯了，自然，这次争论的结果是咖啡杯归他使用。

在这种混乱的状态下建立秩序，还是要归功于我们的忍耐力下的苦干。我们锲而不舍地用耐性、智慧认真努力地去解决这些问题，事实表明，和解决其他困难一样，效果是良好的。今天，重新回忆那一段艰难岁月里的种种挣扎，反倒觉得非常有趣。那种难堪的境遇和困难，对于我们却是一种好处。学生自己动手来建厨房和餐厅，也是一种好处。我们最初的宿舍也是在那阴暗又潮湿的地下室，也是一种好处。如果我们开办寄宿的宿舍开始就是精美、漂亮、设备齐全舒适的房间，对学生来讲，可能会因为太多的享受而失去了志气。而志气，对于我们这一种族的人来讲，是多么的宝贵。我总认为，从零开始的创业对于一个人总是有很大的好处。今天的这所餐厅已是这样：餐厅的建筑宏壮美丽、空气流通、光线充足，干净整齐的餐台、台布，桌上漂亮的餐巾，鸟儿的歌唱不时传进来。到了开餐的时间，学生们按时就餐，秩序井然，大部分食物是由学生自己生产的，并且烹调手艺高超，学生们再无怨言。那些从这所学院毕业后时常会回到学校看看的学生，看到这一切时，总会说，他们还是难忘自己动手创造这一切的经历，他们在这经历中一点一滴学到的知识和经验，令他们终身受益。

没有什么比自强自立更可贵

— 第十一章 —

真正的宽容

学校初具规模后，我原来的老朋友都来学校进行了访问。马歇尔将军——就是汉普顿的会计，那个对我们有信心，借第一笔 250 块钱给我们的人——来看我们一次。他在一周内对学校的每件事都进行了细致的考察，对我们的进步他似乎很满意，写了情真意切且有鼓励性的报告寄回汉普顿。不久，麦基小姐——就是那个在我进汉普顿的时候，用“打扫”来考试我的人——也来看我们。再过些时候，阿穆斯特朗将军亲自来了。

就在汉普顿的老朋友先后访问学校的同时，特斯克基的教师数量也在大增，大多数新教师都是汉普顿学院的毕业生。我们热烈欢迎汉普顿来的人，特别是阿穆斯特朗将军。对这所学校在这样短的时期之内进展如此之快，他们既惊异，也很高兴。黑人从很远的地方来瞻仰将军，因为关于将军的事他们听得很多了。不但我们这个种族的人欢迎将军，南方的白人也欢迎他。

阿穆斯特朗将军这次到特斯克基来访问，对于我更全面透彻了解他的品性，是一个非常好的机会。这样的机会以前是不曾有的。我要说的是他对南方白人的关怀。在这以前，我总认为阿穆斯特朗将军曾和南方的白人作战，一定对南方白人心存恶感，而只对南方黑人关心。这次将军的南方之行，使我彻底改变了这种看法，也更加了解了这位人物的伟大和真正的宽容大度。他在南方拜访白人，举止谦逊，言谈有礼，对白种人的发展和幸福表达了同样的关切。他对南方白人没有丝毫的恶感，而是在各种场合中表示出他的同情来。我从来没有听到他在任何公私场合，说过一句对南方白人刻毒的话。从他的这种典范上，我得到了两个教导：伟大的人物培养的是爱，只有小人才对他人怀恨。帮助弱者，出力者会强壮起来，压迫不幸的人，压迫者会衰弱下去。

阿穆斯特朗将军带给我的这两个教导，使我下定決心不许任何人（不论他的肤色是哪一种）把我的心胸弄得狭隘，使我堕落到恨他的地步。靠上帝的帮助，我相信对任何南方白人，或南方白人加于我们这一种族的任何不公道的事情，我已经化除了任何恶感。我现在无论是为南方的白种人服务，还是为我们这一种族的人服务，体验到的是同样的快乐。任何人如果怀有种族偏见，成了习惯，我只有从心底里觉得他可怜，认为他不幸。

对这个问题思考得越深，我越是深信：某些南方白人为了消灭黑人投票的力量，自以为不得不采取的行动，其结果最受害的并不全是黑人，而白人在品德上受到的伤害是永久性的。好多事例表明，某人为了破坏黑人投票的力量而发假誓，从此在各方面玩弄欺诈的手段，不但对黑人如此，当对方是白人时他们也习惯如此。以欺负黑人开始的白人，常常是以欺负白人收场的。那些在黑人身上用私刑犯法的白人，不久会抵不住诱惑，在白人身上也用私刑。

阿穆斯特朗将军的教育观念同样对南方的影响极大，不但对黑人的教育受他的影响，对白人的教育也是这样。在目前南方各州的学校当局，都在努力给白种男女青年受一些工业教育。这方面多数的努力都可追溯其历史，而它的缘源就是受阿穆斯特朗将军的影响。

难于运转的困境

我们简陋的寄宿部成立以后，到这里来就读的学生更多了。用餐和提供住宿成为最初几个星期的最大困难。因为资金的紧张，我们只能租下学校附近一些简陋的小屋。这些小屋因为年久失修，冬季住在里面非常冷。我们每月收学生 8 元钱，这是他们出得起的一个数目。这笔钱除了伙食费以外，还包括房间、燃料、洗涤用品。我们允许学生赊账，以便先获得食宿，等他们替学校做了对学校有用处的工作再核算所欠费用。学费是每年每人 50 元，那时和现在一样，学生应付的费用我们都要收的。

从学生那收上来的小笔现款并不能支撑寄宿部的开支。办校第二年的冬天特别冷，我们没有钱给学生买来足够的被褥以抵抑严寒，甚至有一段时间我们无力供应任何一种床架和席子。寒冷的夜晚，我为学生忍受的寒冷而辗转难眠。很多次，我在半夜跑到宿舍去安慰学生。有些学生因受冻而睡不着，裹了宿舍里学校提供的唯一的一条毯子围坐在火炉旁边，借此取暖。有一天的夜晚特别寒冷，第二天清早，当我问起有没有学生的手被冻伤时，三只手同时举了起来。尽管条件如此艰苦，却并没有听到什么抱怨之声。学生们都很理解，我们为了寄宿部已经竭尽了全力。他们能够取得入学的资格，在这里接受教育，将来改善自身的处境，这是让他们感到快乐的事。学生们非常理解老师，总会问，他们能够为老师做些什么，以便减轻教师们的负担。

用什么赢得尊重和赞美

在北方和南方总有这样的传闻：黑人如果有谁作为领导者，管理自己的同胞时，其他的黑人总是会反对他，领导者和黑人之间都不尊敬对方。虽然这是普遍的看法和批评，但我却可以说，以我在特斯克基 19 年的经历为例，我从未有过这方面的感受。我接触过的所有学生或所有学校的负责人，没有谁用言语或行动对我表示不尊敬的。正相反，他们对我心思周到的优待，却令我感到受之有愧。每当我在院子里拿一大本书、或者一个书包、或者任何沉重的物件走过时，总会有学生热情向前，想给我帮助。每次我忘记带伞行走在雨中的校园时，总会有学生跑来，让我同意他为我遮雨。不仅在学校是如此，就是在和南方白人所有的交往中，我也从来没有受到过他们任何侮辱，这是很欣慰的事。在特斯克基以及附近的人，好像特别以尽他们的力量对我表示尊敬为荣，常常为了这件事故意寻找机会。

前不久，我需要去得克萨斯的达拉斯和休斯顿之间出差。消息不知怎么很早就被传了出去。待我登上火车，有人就知道我在火车上。火车在每一站停留时，许多白人，包括当地的一些官员，上车来自己向我介绍，衷心感谢我努力替南方做的工作。

还有一次，我从佐治亚州的奥加斯达到亚特兰大，因为旅途劳累，就乘了普尔门式卧车，车上与原本相熟的两位波士顿太太相遇。这两位善良的太太并不在意南方的习惯，坚持邀请我到她们那里去坐。我犹豫一下答应了。我们相谈没有几分钟，她们中的一位并未让我知情，就为我叫了晚餐。当时车厢里坐满了南方的白人，很多人朝我们这边看过来。我有些受窘，就想出一个理由要她们让我离开那里，但是她们却不肯，热情邀我和她们共进晚餐。共用晚餐时，一位太太从她的小皮包里找出了一包上好的茶叶，邀我品尝。她担心茶房泡茶的工夫，坚持自己泡茶给我们喝。用完这顿我自感一生最长的晚餐后，我回到自己的座位，心里暗自叹气，“这一下我可有麻烦了，一定有麻烦了。”

当我来到多数男子用来看风景的吸烟室时，不知道这一车的乘客如何知道我的名字了，很多人都跑来向我做自我介绍，认真地谢谢我替整个南方所做的一切工作。他们都是佐治亚州的人，这使我感到非常惊讶。他们的赞美并非阿谀，因为这些人都明白，他们奉承我并不会得到什么好处。

贫穷不是不文明的理由

对于学校的发展，我最初的想法就是想让学生明白，特斯克基并不是我个人或者负责人的学校，学生和任何董事或教师一样，应该和学校有着密切的关系。我更进一步想让学生们能感受到，学生能把我当作自己的朋友、顾问，而不是一个管理者和监督者。对于学校生活的任何方面，他们尽可以知无不言，坦率地讲出自己的想法、建议和意见。学生对学校的任何批评、不满、建议，我都让他们写信给我，并且一年中总要让他们写两三封。对于那些没有写信的学生，我就把他们找到教堂里，促膝细谈学校里的各种问题。在我们学校举行的各种聚会中，我最喜欢的就是让学生畅谈对学校想法的聚会。通过这样的聚会，我能更多地了解学校存在的各种问题，而对于学校未来的计划，这样的聚会更是令我受益良多。要别人帮助你最好的办法是把责任交给他，让他知道你信任他。每次我读到劳资双方发生纠纷的消息，就不免心生感慨，如果雇主能够对雇员平等相待，同雇员互相商量、互相提出有建设性的意见，使雇员觉得双方的利益本来是一样的，那么许多罢工和类似的纠纷是可以避免的。对别人给自己的信任，每个人都会有所回馈，黑人也不例外。他们一旦明白，你对他们的关心并没有掺杂个人的私利，他们就会诚心地支持你，服从你。

特斯克基办学之始，无论是房屋，还是学生自己用的家具，都主张由学生自己动手来制作。而现在的一些学生，真的令我有种说不出来的滋味。他们宁可耐着性子，睡在光秃秃的地板上，也要等待别人来为他们安架好床铺，铺好被褥。

学生们开始并不太会用木匠的工具，所以他们做出的床架不免有些粗糙简陋，甚至不太结实。有几次，早上我走进宿舍时，发现有至少两张床架散落在地上。因为我们没有足够的资金购买床垫，就用一些便宜的布缝成一个大口袋，把附近森林里取之不尽的干松树叶装进口袋里。就是从这时起，学校把制作床垫当作一门工业稳定地发展起来，今天，这门学科已经成为女生的必修课之一了。学生们制作的床垫拿到市场出售，并不比那些精美的床垫逊色。

还有一个规则是从建校初起就执行的，我们要求学生必须保持好自己的卫生，无论是自己的身体，还是所居住的房间。我们总是告诫学生，贫穷并不是我们的罪过，缺少生活上的便利设施也不是我们的罪过，这些别人都可以原谅我们。但是如果我们因此而肮脏，那是别人绝对不能原谅的。我们非常重视学生清洁自己的牙齿。我从阿穆斯特朗将军那里学来的牙刷可以给一个人带来文明的福音，我把这个理念纳入了特斯克基学校的日常规范中。学生如果不刷牙是不允许在学校中继续学习的。很多新生从老生那里有所耳闻这一规定，在他们新入学时，其他什么东西也没有带，只带了一把牙刷。有一次，我和女校长到女生宿舍去视察。这位女校长是每天早上都要做这项工作的。其中一个宿舍里刚住进来三位新入学的女生。我们询问她们，是否有牙刷时，她们说："校长，我们有牙刷的，我们昨天一起买了一把作为我们三个一起用的牙刷。"没过多久，她们就了解了刷牙的真正意义。

刷牙成为提高学生的文明程度的内容之一，它的效果非常有趣。我发现，在第一把牙刷或第二把牙刷用坏或不见后，能自己主动去买一把新牙刷的学生，他们毕业后的前途都无需我们费心，很少有例外的情况。

学生们的沐浴时间和饮食时间都是定时的。我们要求学生必须保持身体绝对的清洁。在学校还没有任何像样的浴室和淋浴设施之前，我们就这样要求学生了。

另一个要教给学生的生活习惯是如何睡眠。对于多数来自大农场的学生来讲，怎么使用两床被单总是有些费解。等到学校已经能够提供给学生两床被单时，多数学生不知道是应该睡在两床被单之间，还是应该睡在两床被单的下面。对于养成穿着睡衣睡觉的习惯，也是我们要教给学生养成好习惯的内容之一。

还有一段时间，教会学生把衣服上的所有钮扣都保持齐全并系扣整齐，衣服没有被撕破的地方，也没有污渍，成为我们最困难的一项工作。我们的学生彻底领会后，学校就形成的一个传统，老生认真地传授给新生，年年如此，从未间断过。现在，每次我查看从教堂出来的学生服饰是否整洁，总是衣扣齐全，干干净净。我能给出这样的评价自己真觉得非常满足。

第十二章

资金从哪里来

伟大的无私之举

寄宿部成立以后，为了解决女生的住宿问题，我们在波尔特尔堂顶楼备了几间宿舍。但随着入学新生的不断增加，还是满足不了学生的需求。虽然我们可以帮学生在校外租房，但对于女生来说，我们并不想让她们有任何人身安全方面的隐患。所以，学校迫切需要一处即能提供全体学生用餐的餐厅，也能提供女生宿舍的一处建筑。我们很快决定建一座这样的房子，虽然我们没有一分多余的钱可以用在这上面。

房屋的设计图样打好以后，预算建筑费要用一万块钱。虽然资金还没有着落，但房屋的名字已经被我们命好，我们叫它“阿拉巴马堂”，是为纪念我们事业拼搏的所在地。我的妻子戴维斯小姐再次向特斯克基和附近的黑人白人进行游说，说明我们建造这样一座房屋的用途所在，以及我们学校未来的发展计划。戴维斯小姐所到之处，人们都表达了对学校关注的兴趣和热心之情，自愿按照自己的能力给予支援。就像当初建波尔特尔堂一样，许多令我感动的事情历历在目。

阿拉巴马堂的奠基典礼如期举行，但我们的筹款方面却难有大的进项。就在我一筹莫展、万分焦急之时，一份来自阿穆斯特朗将军的电报送到了我的手上。电文的内容是：您能否抽出一个月的时间，和我去一趟北方。如果可以，请即刻动身到汉普顿。我很乐于接受将军的邀请，就立刻前往汉普顿。到了那里，我才知道将军这个令人感动的计划。将军准备率领四队合唱歌咏团，在北方重要城市进行一个月的集会，将军和我在集会上可以进行演说，利用这种方式募集来的资金，全部捐助给特斯克基学院，而所用的费用则由汉普顿来承担。

对于这个计划，阿穆斯特朗将军并未对我有过多少言词上的解释，只是一直在默默进行。他一心想把我介绍给北方人，希望能筹到足够建造阿拉巴马堂的资金。将军的这种做法，在那些心胸狭隘，小肚鸡肠、自私而浅薄的人看来，等于是从汉普顿直接拿走了钱给特斯克基一样。但将军却不这样想，他胸襟开阔，善良厚道，从没有一己私念。他力促北方人出钱，是为整个南方黑人能普及文明着想的，而不单单为了哪一所学校。将军的出发点，是用加强汉普顿地位的方法，使它成为一个公众无私力量的号召地，以便用这种力量去为整个南方人谋福。

将军对我在北方的演讲只指示过一点：每用一个字，都要给它一个观念。这点指示直到今天也无需改良并依然奉行，它也可以作为许多公开演讲的指南针。

我们在纽约、布鲁克林、费城，以及其他大城市里召集了许多集会，阿姆斯特朗将军和我在每个集会上吁请大家为阿拉巴马堂出力，我们也向大家宣传特斯克基的特点和未来的发展，以期引起社会对这所学校的关注。集会的效果非常好，达到了我们预期的目的。

不为人知的募捐

经过阿姆斯特朗将军此次善意的推介后，我可以自己单独到北方去做筹款的工作了。15 年间，因为学校各项资金的短缺，我经常会离开学校出去筹款。想必我的读者非常想知道我的经验和最后的成效。因为很多人认为，能让有钱人主动出资捐助一些他们可能不太了解的人或事情，对慈善事业持续关注，可能是一件很难办的事。如果说我在这项工作中称得上有经验的话，那么无非就是这两个法则，其一是竭尽个人所能，让个人和团体全面了解我们所做的工作；其二是不必太强求最后的结果如何，而这一点最是考验人的。虽然我们都明白，无谓的忧愁只是徒劳地耗费我们的精力，但如果明天就到了还账期，而手上还分文未有，能做到气定神闲可太不容易了。经过多次这样的折磨，我想，与其烦忧，不如静下心思去做别的事情。我从那些成功的人士那里获得了经验，他们一个共同的特点就是极为沉着冷静，从不表现出张皇或失去自制力，他们任何时候都安详、镇定、有耐心、有礼貌。麦金莱总统堪称是这方面的典范。

还有一个就是放之四海而皆准的道理：如果想要成就一项伟大的事业，就需要舍弃一己私念，投入到忘我的工作中去。这种无私的精神越是强大，所得到的快乐也就越是强烈。

在十几年的筹款经历中，还有一个感受也想和我的读者分享：如果仅仅一个富人因为不肯出太多的钱资助慈善事业而受到诋毁，那么这些批评者是不明智的。一方面，如果富人把巨额财产捐助出去而使企业受损，那么就会有无数人失业受苦。

另一方面，富人作为公众人物，被无数人认定为可以出资捐助的对象，每天都会有很多人找上门来，让他们捐款。有时，和我有同样想法的人同在富人的办公室里，不少于十几个。除了这些亲自登门筹款的人，还有很多写信希望得到募捐的人。而这些富人每年捐出的数额，都很少做公开的宣告，所以很多捐款并不为外人所知。有两位纽约的太太，名字很少在媒体上出现，在八年内，她们不但出资捐助我们建了三座房屋，还对学校的其他事情进行资金上的帮助。她们不仅扶持特斯克基的发展，对于其他有价值的事业也给予大力地帮助。

我有幸能为特斯克基的发展筹到巨额之资。在筹款的过程中，我总会正视别人眼中投来的那种对“求乞”人的眼光。我并不认为我是在乞讨，而且我也从不会去做一个乞讨者。我的经验和观察所得使我相信，那种不顾个人尊严，或为一些无意义的事，而强行向富人要钱的行为，多半都会失败的。富人们有赚钱的智慧，自然也就有花钱的智慧。因此，当我向富人讲明特斯克基这所学校的意义所在，和学校未来的发展前景，以及这所学校毕业生在社会上的成就时，我不卑不亢的态度，高尚而尊严。

在募捐中对人性的体悟

一家接一家、一间办公室接一间办公室地登门募捐，虽然辛苦疲惫，有时不免心有不悦，却也有一个难得的收获。在募捐的过程中，我对于人性有了深入的了解。那些善良、无私又乐于奉献的人，总是闪烁着人性的可贵。而经过多次募捐，我也有一种直接的体会：那些对教育最为关切的人，也是国家最有用最有影响力的人。

那些富人对于募捐的态度不同，也常能体现他们自身的素养。有一天，同一天我求见了两个人，给了我两种完全不同的感受。我先是登门求见一位非常富有的太太，在送上名片等候回音期间，她的丈夫回来了。他强势地问我有什么事，在我还没有解释此次登门的目的时，他愈发地出言不逊。我无法忍受他无礼的态度，也不等那位太太回话，立刻离开她家。从她家出来，我又来到一位先生的家里。他热情有礼地接待了我，了解了我的募捐款项的用途后，他慷慨地给我签了一张大笔的支票，我还未来得及道谢，这位先生便说："非常感谢您给我这个机会，让我能为这样有意义的事出一份力。我为自己感到荣幸，也替波士顿人感谢你为我们做的一切。"在我筹款的经历中，所遇到的那种无礼的人很少，而像这位先生谦逊有礼的人很多。他们尊重每一个人，认为他们把有价值的计划付诸行动时，参与其中的人并不是简单的雇员，而是一起共事合作的人。

我在波士顿募捐时，这里的富人比别处的富人更富有高贵的基督精神。他们在我还没有表达谢意时先向我致谢，认为是我尊重他们，并给他们创造了一个表达善意的机会。世界的人们都在向慷慨善意的方面前进，这是一个事实。而我对于自己的募捐的意义，不仅在于为了黑人教育事业的发展，还在于我尽我的所能，使有钱人为慈善投资创造一个合适的机会。

募捐的过程也常常充满戏剧性。在特斯克基办学之初，我徒步在镇上或去北方乡村募捐，多日分文未得的情况时有发生。常是忙碌一周，本以为某个人已经有意向捐助时，却总是希望落空。而常常失望沮丧到极点时，却会得到意外的惊喜，那些我认为不会出资捐助的人，却给了我慷慨的帮助。

一次，有人告诉我，有一位先生住在离康涅狄格州斯坦福约二里以外的乡下。如果他能了解特斯克基的情况和需要，估计会对我们有所帮助。那天，暴风雨袭来重重寒意，我一路泥泞，颇费周折，去拜访这位先生。他接见了我，但对我的谈话也仅表现出些许感动而已，并没有立刻出资给我。我内心略有失望，觉得花费了 3 个小时而没有成效，白白浪费了时间。但我却没有为这次行动而后悔，因为我不去拜访，就意味着我的失职。两年后的某天，我接到这位先生寄给我的信，大致的内容是：附上纽约汇票 1 万元，供推进贵校工作之用。鄙人本将该款列在遗嘱内备交贵校。转念不如在鄙人生存之日奉赠，更为相宜。两年前承枉驾见访，良用感幸。还有什么事情能像这件事情更令人快慰呢？要知道，收到这笔捐款时，正是学校经济拮据之时，我们已经很久没有收到任何捐款，我们为资金的紧张而承受着巨大的压力。对于办学，我觉得我肩负着双重的责任，如果办学失败，就意味着世人失去对黑人做事能力的信心，对整个黑人种族都有消极的影响。而学校如果改为白人办校，对黑人接受教育就会产生不利的影响。此笔汇款在这种情况之下，部分地解除了多少天来压在我肩上的重担。这是学校到那时为止所收到的最大的一笔捐助，雪中送炭的感觉我们真正有所体味。

让杰出人物如此慷慨的背后

从办学之初到现在，我一直坚定一种观点，获得别人支持的前提，是学校内部是否健全，外观是否清洁，办学目的是否纯正。我利用各种机会向教师提出这一观点，以引起他们平时的注意。

已故的铁道界伟人柯立斯·亨切顿先生对我们学校帮助非常大。而我们的第一次见面，他只给了我两元钱。我并未嫌少，但我暗下决心，要让学校的成绩来使先生坚信，我们是值得别人帮助的。十多年来，我们工作的价值渐被先生认同，随着学校的不断发展，先生捐款的数额越来越多。在他去世前几个月，我们收到先生 5 万元的基金。而这十几年当中，亨切顿先生和他的妻子从未间断过对我们的慷慨援助。这并不是我们的运气，而是我们苦干的结果。凡是值得我们获得的援助，都离不开“苦干”二字。我们的苦干不仅换来慈善人的资金捐助，也换来他们对我们学校建设的关切。亨切顿先生便是其中的一位。没有谁比他更关注我们事业的发展，他给我们具体事情的指导，教给我们管理的方法，殷切之情如父亲对儿子一般。

募捐的艰辛不胜枚举。我说一个我以前只讲过一次的故事。在北方募捐，我常常囊中羞涩，连解决最基本食宿的费用都没有着落。我在罗得岛州普洛威斯顿的一个早晨，身无分文，一直饿着肚子。过马路时，发现电车道中央有一枚二角五分的新币。我捡起这枚新币解决了自己的早餐。饭后我在九分钟内拜访了一位太太，并得到了一笔捐助。

有一次毕业典礼，在邀请谁来做毕业宣道时，我大胆地想到了波士顿三一堂的主任牧师温切司特尔·达涅尔德。学校那时还没有能容下所有行将参加典礼人的房子。我们把一座亭子临时改装了一下，一部分由丛林、一部分由粗木板搭建起来。在达拿尔德博士刚开始演讲时，天公不作美，下起了倾盆大雨。这种意外的情况完全出乎我们的意料。牧师不得不停止演讲。当我们看到这位牧师站在别人为他撑着的一把旧雨伞下，站在大群听众前一直等到雨停止了，继续他的演讲时，才醒悟我们原来安排的漏洞之处。达涅尔德博士演讲的效果并未被大雨影响，深受学生们的喜爱。演讲结束后，他回到房里把衣服弄干。他鼓着勇气对我们说，似乎在特斯克基有建一座教堂的必要。第二天，就有两位在意大利旅行的太太给我们来信，表明她们愿意出资建造一座我们需要的教堂。

我们原有图书馆设在一间小屋的一个角落里，面积非常狭小。前不久，卡内基先生给特斯克基寄来两万元，用作建造一座新型图书馆。我用了十年的时间取得了卡内基先生的信任和支持。十年前我第一次向他谈及学校的发展时，他对学校并没有太大的兴趣。我下定决心，想用学校的发展来证明，我们是值得他来帮助的。历经十年的用心工作，我写给卡内基先生一封信，内容如下：

尊敬的卡内基先生：

您好！

几天前我去您府上拜访，承蒙您的惠顾，嘱托我将敝校图书馆建设的计划书送呈给您。我已遵照办理，现请您审阅。

敝校现有学生1100人，教职员及眷属86人，另约有200黑人居住于学校附近，这些人都需要利用图书馆。

敝校现有12000卷图书、杂志等，都系友好所赠，到目前为止，还没有适当地点存放，也没有可供阅读的房间。敝校毕业生在南方各地工作，凡是从图书馆中所获得的知识，无不可用以提高整个黑色人种的地位。

敝校所需图书馆建筑费约为两万元。所有建筑工程所需的如烧砖、土木工、铁工等，皆由敝校学生自行承担。如蒙先生捐款，此款不仅用于建筑本身，还可利用这一机会使学生学习实用的建筑知识。贵款还可作为学校做工所付酬资，以助学生完成学业。鄙人相信，同样数目的金钱对于提高某一整个种族的地位，很少有如此远大的意义。

如承垂询其他详情，无不乐于奉告。

此致

校长布克尔·华盛顿谨启

一九零零年十二月十五日

下一次邮差送来卡内基先生的回信：

鄙人愿意负担图书馆建筑费，以两万元为度。此次对贵校之崇高工作得效纬薄，极感欣慰。我觉得对募捐资金采用严格管理的方法，对于引起富人的兴趣和信任大有帮助。对特斯克基的财政和其他资金运用，我们一向采取纽约任何银行都赞许的做生意方法。

我前面说到了学校收到的几笔巨额捐助款项。对于学校建设的大部分资金，我已经想到捐给学校的好几笔巨额款项了，不过建立这所学校的大部分基金，是来自中产阶级捐助的小额资金。任何慈善工作，都离不开成千上百的善良之士捐助小笔款项来维持。在我筹款的过程中，传教士的耐性和对别人深切关怀之情，常常感动我，他们时时刻刻被人包围，时时刻刻要去帮助别人。黑人地位在几十年之内之所以提高得这样快，大部分归功于主日学校、基督徒工作会、传教团体，当然教会也在内募捐来的一分、五分、一角的零星捐款。

这些小额捐款，还有一部分来自本校的毕业生。从特斯克基走出去的学生，大部分每年都会给学校提供小额捐款，从两角五分到十块钱多少不等。

办校第三年，有三笔捐款的来源颇令我们大感意外，而且这三笔款项直到今天也没有间断过。第一笔是阿拉巴马州议会把每年 2000 元的津贴增加到 3500 元，后来此数又增至每年 4500 元。增加这一项津贴的努力，得益于议会中特斯克基的代表议员福斯特。第二笔款项是约翰 · 史莱特尔基金会寄给我们 1000 元。我们的工作取得了这个基金会的保管委员们的信任，时间不长他们就改为每年如期寄给我们津贴。这一项津贴不断增加，到现在每年已经到了 11000 元的数目。第三笔是来自皮鲍狄基金会拨来的津贴。这项津贴最初是 500 元，不过到现在已经增加到 1500 元了。

还有两位很了不起的人物我要介绍给我的读者。他们对于特斯克基能从史莱特尔和皮鲍狄两基金会获得帮助，起到了非常重要的作用。一位是代表华盛顿州的议员珂利博士，他是这两个基金会的总代理，另一位是纽约的毛利斯 · 杰特博先生。珂利博士本是南方人，过去是南方的军人，我相信很难找到像珂利博士那样，最深切地关怀黑人的最大利益，没有丝毫种族偏见的人。他深得黑人和南方白人的信任，没有人能够及得上他。我和珂利博士第一次会面的情形，令我终生难忘。当时他住在弗吉尼亚州的里士满。虽然之前我已经对博士有过很多的了解，但真正和博士见面时，我因为年轻，经验不足，紧张得有些发抖。珂利博士为了打消我的紧张感，热烈地握住我的手，不断地鼓励我，还给我讲了许多处世方针。我当时就有一种感觉，他就是为人类幸福而无私奉献的典范。这种看法，直到今天依然没有改变。

毛利斯 · 杰特博先生是史赖特尔基金会的会计，我从没有遇到过像他那样富有，又肩负重大而庞杂业务责任的人。他为了提高黑人的教育，既愿意出资相助，也肯花时间、费脑筋，去研究适宜的方法。杰特博先生这种执着认真慷慨的态度，就像是他的本性一样。最近几年来工业教育能够受到重视，达到目前的水准，得益于他的出力和影响。

立足社会的历练

特斯克基的寄宿部成立后，许多学生前来报名。这些学生无论是人品，还是学业，都很优秀。但他们却都因家境贫寒而无钱支付学费。拒绝他们入学实在于心不忍，我们决定开办一间夜校来收容这样的学生。

1884 年，特斯克基成立了夜校，夜校的组织按照我在汉普顿成立夜校的模式。第一批有十几个学生入学，他们无钱支付学费和日校的伙食费。在入学的前两年这些学生白天工作十小时，晚上学习两小时，所得的工钱高于伙食费，剩余的部分他们都存在学校的会计那里，以备日后他们进入日校后再付伙食费。用这种办法来求学的学生，如今在特斯克基已经发展到 475 人。

夜校的工作对于考验一个学生的优劣，再严格不过了。如果一个学生愿意每天工作 10 个小时，承受劳累之苦的目的，是为可以享受每晚 2 个小时学习的权利，那么这个学生就已经拥有了进一步受教育的资格，和未来在社会上立足的足够历练。这份工作是考验一个学生是否具有骨气的最好机会。因此对于夜校的各项工作，我们极为重视。

夜校的学生进入日校后，每周四天为上课时间，两天为做工学一样手艺的时间。他们还常常夏季的三个月中做工。照一般惯例，学生在夜校考试及格以后，就表明他已经接受了工科和文科的完整训练。无论学生贫穷还是多么富有，如果不付出努力，就不能通过全部课程的考试。学生对工科和文科都表现出了同样的热情，而那些毕业生中，最成功的学生，往往都是从夜校出来的学生。

特斯克基虽然重视工业方面的工作，可是我们丝毫没有忽视宗教和精神的方面。学校里严格说来，各种教派都有，但都属于基督教。我们有布道崇拜、祈祷会、主日学校、基督徒工作会、青年会，以及各种传教组织，可以为证。

为什么不想成为职业演讲家

— 第十三章 —

第一次针对尖锐社会问题的演说

相比教育而言，我的演讲生涯并不是我自愿的选择。常常有人问我怎样开始练习公开演讲的。我答复他们的时候会说，我从来没有计划过把我一生中大部分的光阴，用在对公众演讲上面。我总认为与其浪费时间去谈我要做什么事，不如让我多做点事情。前面谈过，我曾和阿穆斯特朗将军到北方几个城市去作一连串的演讲。有一次，全国教育协会主席多马斯·毕克奈尔先生在场听了我的演讲。几天后，我收到了他寄给我的一张请帖，邀请我在威斯康星州的麦迪逊举办的教育协会中发表演讲，我接受了他的邀请。从某种意义来说，这是我的演讲生涯的开始。

我在教育协会的那次演讲，听众达4000多人。许多人来自阿拉巴马，还有一些人来自特斯克基，事前我一点也不知道这些情况。这些白人后来坦诚地对我说，他们原以为我要无情地把南方白人指责一番，令他们深感意外的是，我的演讲词里没有一个谩骂的字眼，他们感到很快慰。我还在演讲中因为南方白人对教育的援助表达了感谢之意。有一位在特斯克基做教师的白种女士，向当地的报纸写信说，华盛顿校长对于南方白人出力帮助特斯克基办校给予感谢和赞扬，出乎她的意料并让她感到惊喜。这次演讲是我第一次公开侧重讨论一般种族问题的演讲。听众对我所说的话和所采取的立场，似乎感觉非常满意。

从我踏上特斯克基的土地，我就决意以这里为家。我决定凡是特斯克基所做的正当的事情，我要和镇上的白人同样觉得光荣；同时，我对于这里的人所做的坏事，我要和白人一样觉得遗憾和憎恶。我在北方公开演讲所说的话，没有哪一句不可以用在南方来讲。我很早就明白，指望责骂改造好一个人，是一件非常困难的事。称赞一个人正确的行为，比叫人只是注意他做的所有的恶事要更容易成功些。

我一直本着这个原则，但在适当的时候，我始终没有忘记用适当的方式把南方任何部分所犯的罪过向人们提出来，用以唤起人们的注意。这方面我从不含糊其辞。我发现，南方有很多人对于基于任何错误政策的直率而且公正的批评，反应很迅速。一般说来，批评南方——如果南方有需要批评的地方——最适宜的地点是南方，而不是波士顿。我想，有一个波士顿人到阿拉巴马来批评波士顿，不如在波士顿的人批评波士顿说的话更有力量。

在麦迪逊的演讲词中，我主张对种族问题应采取的政策，是用一切正当的办法，把黑白两个种族的人连系在一起，培养他们的友好关系，而不是增加双方的恶感。关于黑人投票的事情，我表示应该主要从该黑人本身所处社会的利益考虑，单单设法讨好几千里以外和他风马牛不相及的某一个人，并不是最重要的。

在这篇演讲词中，我谈及黑人的整个前途，关键在于凭借黑人的知识、技能、人格，以及他们对社会无法否认的价值，社会的发展是否离得开他们。我说，如果一个人能把一件普通的事情完成得非常出色，他就能解决本身的问题，而不必去看他是何种肤色。如果黑人愈是能够生产别人所需要的，必须得到的东西，就愈能受到别人的尊敬。

我举我们的一个毕业生为例，这个学生在一亩地上出产了266蒲式耳（1蒲式耳约合36公升）甜薯，附近的白人一亩只能产49蒲式耳。他因为懂得泥土的化学性能，并改良耕种方法，才有这样的收获的。附近的白种农民都向他请教种甜薯的技术。这些白种农民之所以尊敬他，是因为他的技术高明，知识丰富，可以增加社会的舒适和财富。当然，我对黑人的教育理论并未局限于农业生活一面，而是想说明：如果他们在每个方面能够有所作为，对于整个黑人地位的提升都是有力的促动。

总之，这是我第一次演讲中提及两个种族间的关系，并在演讲中讨论了关于这一问题方方面面的意见。从此，没有任何理由能够改变我对这一问题所持的观点。

在我的青少年时代，任何诋毁黑人的言论，对压迫黑人的制度表示赞同的人，掠夺黑人充分发展机会的人，我总是心生恶意，怀恨在心。而现在，我可怜这样的人。可怜他们，是因为他们害怕失去自己发展的机会，而去采取这种不正当的手段压制黑人；可怜他们，是因为世界前进的脚步是前进着的，而他们充当了阻碍者的角色。人类的发展和进步永不停歇，而他们病态狭隘的心胸令他们自己蒙羞。每个种族的人在获得知识、文化、技术、自由时，就像一列庞大沉重而前行的列车，而他们想睡在铁轨上，企图阻止列车前行的方向。

在麦迪逊全国教育协会席上的这次演讲，使许多北方人对我有了认识，此后不久，我常常接到邀请，请我去对当地人发表演讲。

只有五分钟的演讲

虽然我在北方演讲了多次，但我更有一种急切的心情，想对有代表性的南方白人进行演讲。1893 年，佐治亚州亚特兰大举行基督教工作者的国际性会议，我接到会议通知，邀请我前去演讲。我把这次演讲看作我打进南方社会的箭羽。但不巧的是，我接到邀请时，正要前往波士顿处理一件事情。按行程来看，似乎没有去亚特兰大的时间。我把波士顿与人相约的日期和地点仔细研究，发现在演讲前 30 分钟有一班火车到达亚特兰大，再乘另一班火车回波士顿前，我有 60 分钟可以停留在亚特兰大。会议给了我五分钟的演讲时间，对于我来说，能否在这五分钟之内，把我要表达的都说出去，不负这次紧张的行程。

参加这次会议的多是南方最有势力的白种人。让他们了解我们在特斯克基的工作，还有我在种族关系方面的意见，这是一个难得的机会。这次五分钟的演讲，似乎获得了听众的好感，他们都有热情的反应。第二天亚特兰大和许多地方对这篇演讲进行评论，都给予了友好的肯定。我最初想向南方白人发表演讲的意愿似乎实现了。

这次演讲之后，我们种族的人和北方的白种人不断邀请我做公开的演讲，这两方面的人数目相当。无论特斯克基的工作多么繁忙，我都尽量抽出时间去作演讲。我一方面想让北方人知道我们所做的事情，以便筹到建校的款项。另一方面想让黑人了解，除了在知识性的学习和宗教的训练外，工业和技术教育的重要性。

一次对国会有影响的演讲

1895 年 9 月 18 日举行亚特兰大产棉各州国际展览会。我受邀在开幕式上发表演讲。从某种意义上说来，这件事也许可以说比任何事情更使我获得全国性的声望。

关于这次演讲，后来有很多人写了文章，很多人经常谈起，也有很多人问我一些问题。我把这次演讲的情况说一说，或许有些必要。我能做这次演讲的主要原因，多是缘于我在亚特兰大那次五分钟演说所取得的成效。1895 年春天，我收到一封电报，是亚特兰大的名流发给我的。他们邀请我参加该城的一个委员会，一齐到华盛顿去向国会的某委员会请愿，要政府协助这个展览会。这个委员会由 25 个白人组成，他们均是佐治亚州最有名气最有势力的人。委员会的委员多是白人，只有三名黑人：格兰特主教，盖因斯主教和我。在集会上，亚特兰大市长和其他几个市政府和州政府的官员都发表了演说。然后是两位黑人主教演说。最后发表演说的是我。我是第一次参加这样的委员会，也是第一次在华盛顿发表演讲。当时心里有许多疑虑，不知道该讲些什么，也不知道别人对我的演说印象如何。后来我想，把我的观点坦诚地讲出来，比这些疑虑更为重要。虽然当时的演讲词现在已经不太记得了，但是我的演讲还是深入到了委员会成员的内心。我当时表示，国会想要帮助南方消除种族的问题，使黑白两种人友善相处，鼓励两个种族在物质与文化方面共同发展，采用一切正当的方法是必须和必要的。在演讲中我努力对语言能有操纵力，恳切致词，坦率讲理。我说，亚特兰大的展览会会给两个种族一个机会，把自由以后获得的进步方方面面都可以表现出来，利于鼓励两个种族继续携手前行。

我强调，虽然对黑人不该用不公平的手段，剥夺他的选举权，但单靠政治上的运动还不足以解救他们．在选票的背后，还要有财产、工业、技术、经济、知识和道德；任何种族如果缺乏了这些要素，绝不能永久兴盛。国会如果拨助这笔补助费，对于这两个种族来说，具有真正而永久的贡献，自从内战结束以来，这还是第一次有这种难得的良机。

我用了十几分钟结束了我的演讲。在我向全体委员会致意时，出乎我的意料，佐治亚州的委员会和出席的国会议员都向我竭诚致贺。国会的委员会做了一份报告，一致表示赞成这项议案。短短几天，国会就通过了这项议案，这就意味着亚特兰大展览会的成功有了相当的把握。

强烈的紧张感

亚特兰大的演讲结束不长时间，就接到一个喜讯。展览会的董事会决定，为表示对黑人的重视，专门展现黑人获得自由以后的进步成绩，决议建一座宏大而美观的陈列馆。陈列馆的全部设计和建筑都由黑人自行完成。当这座陈列馆展现在众人眼前时，无论是设计、景观的精致度，还是使用的功能性，与会场里的其他建筑相比，都没有丝毫的逊色。

委员会后来决定再举办一次黑人展览会，需要有一个负责人，展览会的高级职员热切希望我担任这一职务。而此时特斯克基的工作令我难以脱身，时间和精力都不允许我接受这一职务。我推荐弗吉尼亚州林赤堡的加兰德·波担任黑人部的主任，他也不孚众望，获选担任主任一职。我尽自己所能给他提供帮助。汉普顿学院和特斯克基学院的陈列部成为展览会最吸引人的地方。而令人颇感意外的是，南方白人是这次参观展览会最感愉快的人。

临近展览会开幕日，准备开幕典礼的计划提上董事会的日程。由于黑人也在筹备会中付出了努力，承担了许多重要的工作，因此有人提议，开幕典礼时请一位黑人致开幕词，同时借此把两个种族的友好展现出来。当然，凡是涉及黑人权利的举动，总会有人出来反对。董事会的成员都是南方善良进步之士，他们力主这一提议，在投票中决定邀请一个黑人在开幕式上演讲。对于这位演讲人的确定，委员们商议了几天，最后由董事会投票，一致通过请我发表开幕词中的一篇。几天后，我收到了正式的请帖。

接到这一邀请后，我自觉责任重大，并心生感慨，非身历其境的人能体味。我从出生就被逼为奴，少年时代是在贫穷与无知的最底层度过的，根本没有机会能接受教育，更没有机会能肩负这样的责任。今天的听众中任何一个白人在几年前都可能有权宣称我是他们的奴隶，而我从前的主人之一也极可能在场听我演讲。在黑人的全部历史上，这是第一次黑人和南方白人在如此重大的重要场合中，在同一讲台上共同发表演说。我的听众是南方最富有最有教养的白人，他们曾经是我的主人们的代表。除了这些南方白人，听众中还有北方的白人和我的同胞。

对于自己的演讲词，我决定只讲我内心真实并认为正确的话。当董事会送给我请帖时，对于我应该说什么，不应该说什么，他们没有丝毫的暗示。这是对我极为尊重的表现。对于董事会来讲，他们清楚，如果我说错一句话，都会使展览会的成功受到很大的影响。我内心不免痛楚，在措词方面我必须效忠我的种族。如果我说出与时背逆的话，我这个种族在今后许多年就会失去这样的机会。而我还认为，对北方白人就像我对南方白人一样，都要同样的忠实。

报界对这次演讲也给予了很大的关注。南北两方的报纸都讨论关于我的这次演讲。演讲的日期愈近，参与讨论的报纸愈多。几家南方的报纸反对我去演讲。我这一种族的人给了我许多建议，要求我说这说那。我尽了最大的努力准备这一篇演讲。随着演讲日子的越来越近，我愈发心情沉重，非常担心我的努力将归失败，使人失望。

请帖送到我手里时正值新学年开始，这时学校的工作非常繁忙。每次遇有重要演讲，我准备好演讲词，都要听听我妻子的意见。这次也不例外。她对我的演讲词感到很满意。9 月 16 日，我们前往亚特兰大的前一天，特斯克基的教师表示，让我先对他们进行演讲。待我演讲完，他们给了我很大的肯定，也给了我很多建议，这令我心里感觉踏实很多。等到 9 月 17 日晚，我们全家前往亚特兰大时，我的内心重又忐忑不安。从特斯克基镇经过时，我和住在不远处乡下的一位农夫相遇。他是一位白种人，开玩笑地对我说，您给北方白人做过演讲，也给南方白人做过演讲。不过要在北方白人、南方白人还有黑人聚集一堂的情况下发表演讲，您可是第一次呦！这对于您来说可是个很困难的事情。他对我的内心很了解，但他坦诚的玩笑却丝毫没有减轻我的紧张感。

我们登上火车时，许多黑人和白人都挤到火车上来，对我指指划划，随意讨论第二天要发生的事，而他们的讨论我都听得到。我们在亚特兰大下车时，有一个委员会来迎接我们。刚一下火车，就听到附近一个上了年纪的黑人说道：这就是我们的代表，明天要在展览会上演讲呢，我一定要去听。

此时的亚特兰大汇集了国内四面八方的人，还有外国政府的代表、军事民政两方面的机关人员。对于第二天的演讲，报纸在头版头条用大标题刊出，这无疑更增加了我的紧张感。这一切都增加了我的负担。第二天天色未明，我已起身，再次把演讲稿看了一遍。以前，不管在什么样的场合发表演讲，我从未祈求过主降福给我。而这次，我双腿跪地，虔诚祈祷。

我的演讲，每次都会在事前认真做准备。我从未在两次演讲中用一篇演讲稿。每次演讲所面对的听众，我都把他们当作一个整体，向他们吐露我的心声，力求把每一句说到他们的心里。我从未顾及另一批听众对我的演讲会有什么感想，也从未想过这些话公开发表在报纸上，读者做何评价。每次演讲，我的心里只有那些听众，他们吸引了我所有的感情、思想和精力。

展览会负责人在清早就派人来接我，并送我到了去展览会场游行的队伍中。这个队伍中，有著名的黑人乘车参加，还有好几个黑人的军事团体。我发现展览会的负责人好像竭力要使游行中的黑人排在很适当的地位，获得好的待遇。游行的队伍到达展览会需要三个小时，这期间烈日当头，酷晒难耐。等到我们进了会场，酷热加上内心的紧张，我感觉自己好像要虚脱一样难受，内心预感到我的演讲会失败。这时礼堂里面被挤得水泄不通，而外面还有成千的人走不进来。

这是一间宽敞又适宜发表演讲的礼堂。当我走进去时，里面的黑人热烈鼓掌，而白人只有少数几个人做象征性的欢迎。我以前在亚特兰大演讲，虽然有很多白人去听，但他们多是出于好奇，或者带有想看我出丑的心理前去的，真正同情我的人很少。多数人都想着在我演讲失败后，可以向邀请我来演讲的展览会负责人说："我早就跟你说过了嘛！"

特斯克基学院的董事小威廉·包尔文先生是我的朋友，当时任南方铁路公司的总经理。那天他也在亚特兰大，他对我特别担心，害怕面对我的失败，以至于在开幕典礼完毕以前，一直在场地逛来逛去，不敢走进礼堂。

—第十四章—

用什么力量改善种族关系

一篇具有历史意义的演讲词

亚特兰大展览会由州长布洛克致简短的开幕词，接着佐治亚州奈尔逊主教的祈祷、小亚尔伯·柯威尔献词，展览会主席、妇女局主席汤普逊夫人致词，接着布洛克州长向大家介绍："今天，有一位黑人事业和文化的代表参加这个会。"

会场里响起如潮的掌声，而黑人最是热烈。我起身致词时，内心有一个声音很强烈——增强两个种族的友谊，促成双方诚心合作。对于当时会场的情景，我现在只记得，我站起身来时，整个会场的目光都投向了我。下面就是我发表的演讲——

主席先生、董事会各位先生、各位来宾：

南方三分之一的人口是黑种人，凡是打算在这一地区从事物质福利、法律保障、道德增进的人，倘使不顾到我们人口中这一部分人，一定不能得到最大的成功。主席先生，各位董事，我说，美国黑人的价值和英勇，从没有像这次这样，承蒙主办这一辉煌的展览会的各位先生，在工作进行的每一阶段中加以最适当、最厚道的承认。这句话只是把我这个种族的民意向各位表达而已。自从我们的自由现出曙光以来，这一承认是使这两个种族的友谊更趋深厚牢固的举动，任何其他的事情都不能拿来和它相比。

不仅如此，这次展览会更足以使我们觉悟：一个工业进步的新纪元开始了。在我们获得新生活之初，由于无知和经验不足，我们从顶上做起忽略了根本，原不足为异；在国会里，或者州议会占一个席位，比不动产或工业技术更受欢迎；竞选演说的政治大会，比开办一间牛奶场或蔬菜园更为动人。

一条在海上迷失多日的船，突然看到一条友好的船只，从那条不幸的船的桅杆上可以看到一个信号："水、水；我们渴死了！"友好的船只立刻有了回答："把你们的吊桶就地放下来。"第二次信号又从受难的船上出现了，"水，水；给我们水！"然后答复又来了，"把你们的吊桶就地放下来。"然后第三、第四次要水的信号又得到了答复，"把你们的吊桶就地放下来。"那遭难的船长最后注意到命令，放下他的水桶，提上来满满的水，从亚马逊河口汲来晶莹没有咸味的水。我的许多同胞，要在异乡改善环境，或者低估了培养和南方白人（他们的邻居）的友谊的重要性，对于他们我要说："你就地把水桶放下去吧"——把水桶放下去，用一切光明磊落的方法，和我们周围各种族的人交朋友吧。

在农业、机械、商业、家务，以及各行各业中，把吊桶放下去吧。以此事而论，不管要南方担什么其他的罪名，一提起单纯的生意，黑人在南方的商界才得到一个公正的机会，而且再没有比这一展览会在强调这个机会上更生动了，我们最好也记住这一点。我们最大的危险在于从奴隶到自由跳了那一大步，可能忽视了我们大多数靠劳力为生的这一事实，没有记住我们越学习尊重日常的劳力，在一般职业上头脑和技术并用的机会便越多，正如我们学习在表面与本质，和漂亮与实用之间画一条线一样。凡是不懂得种田和拿笔杆同样具有尊严的人，绝不能够兴旺。我们的生活必须由基层开始，不是由高层开始。我们也不应该自怨自艾坐失良机。

白种人中有些对外方来的说着听不懂的语言的人抱着希望，要他们帮着促成南方的繁荣，如果允许我们对他说话，我要重述我对我的同胞说过的话："你在那边把吊桶放下来吧。"在800万黑人之间把吊桶放下来吧，这些人的习惯你们都知道。这些人心地忠厚，爱你们，在你们最依赖他们的时候（倘使他们稍不忠心，就可以毁掉你们的家庭），已经考验过了。把你们的吊桶放到他们中间去吧——这些人从不罢工，也从不发动工潮，替你们耕田，替你们砍伐森林，替你们造铁路，建设城市，从土地的内部取出宝藏，有功于促成南方的辉煌的进步。把你们的吊桶放到我的同胞中来吧，为了这些理由，你们就照现在这样继续帮助他们、鼓励他们吧，教育他们的头脑、手和心，你们会发现，他们会买你们剩余的土地，使你们田野里的荒地繁荣，在你们的工厂里做工。你们肯这样，将来和过去一样，你们和你们的家庭，周围一定都住了世界上最有耐性、最忠实、最守法、最不容易发脾气的人。我们在过去已经证实了对你们效忠，看护你们的子女，照料你们病中的父母，常常挥泪送走离世的主人。将来也是这样，我们谦逊地帮助你们，那种忠诚绝不是外国人能够办得到的，必要时随时肯为保卫你们而牺牲性命，把我们工业上、商业上、公民生活、宗教生活和你们的交织成一片，就好像这两个种族的利益是共同的一个。在一切纯粹社会的事情上，我们可以像手指一样，各个分开，可是在一切共同发展的事情上，我们就和一只手那样，是一体的。

我们全体倘若不在智力和发展上获得最高的成就，任何一方面绝没有自卫和安全的可能。任何人如果要阻止黑人获得充分的发展，就让他们改弦易辙。来鼓励黑人，使黑人成为最有用、最有智慧的公民吧。在这一方面费的心、出的力，将来的利息要十倍于本钱。这样的努力事半功倍：予者与取者同受利益。

人的自然律和神的法律使任何人不能免于一死。

暴君与被压迫者一样，

同受制于不变的正义；

我们并肩向命运进行，

密切结合如罪与痛苦。

差不多1600万只手会把重担往上推、帮助你们或者把那重担往下推，对你们不利。我们将来可能成为南方三分之一以上的无知的群众，或犯罪的人，但也可能成为三分之一知识分子和进步的人，我们可能在工商业的繁荣方面有三分之一的贡献，也可能成为真正的一股死气，呆钝、令人沮丧、阻碍国家各方面的前进。

展览会的诸位先生，我们把我们进步的情况在展览会中陈列，你们切不可以寄望太奢。30年前只是零零星星只有几条棉被、几只南瓜、几只鸡的人，从这样起家，发展到发明并生产农业器械、四轮马车、蒸汽机、报纸、书籍、雕像、雕刻、绘画，经营药房、银行，各位要记得，其中经过，并不是没有艰苦和辛酸的。我们把自认为独立以来努力的成绩拿出来展览，虽然觉得荣幸，并未曾有片刻忘记，我们在这次展览会中的展出，倘不是过去不断获得南方各州和北方慈善家在教育方面给我们的帮助（特别是北方的慈善家，他们不断捐款造福我们，鼓励我们），一定很使各位失望。

我们这一种族中最聪明的人都懂得，关于社会地位平等，问题的议论是极其愚蠢的，所有的特权和享受上的进步，必须经过严格的斗争、持之以恒，才能获得，并非人为的强迫可以生效。凡是对于世界市场有一些贡献的人，绝不会长期受到排斥的。法律规定的一切权利我们也有份，这是重要的，也是对的；不过尤其重要的是，我们要准备好运用这些权利。在工厂里赚一块钱的机会，比在歌剧院里花一块钱要重要得多。

总而言之，我希望再说一句：30 年来给我们希望和鼓励、把我们向你们白种人拉拢的机会，从没有胜过这次展览会的；黑白两种族 30 年前差不多赤手空拳起家，在这显示双方奋斗结果的祭台前——打个譬喻这样说，我鞠躬向诸位保证，既然诸位努力解决上帝交给南方人去解决的伟大而复杂问题，诸位也随时可以得到我们这个种族的人任劳任怨，由衷的帮助；我们大家只要永远记住。虽然把田里、森林里、矿里、工厂里、文学和艺术领域中的成果在这次展览会中展出，可以促成双方的友爱，可是在物质利益之上，消除区域性的歧见和种族的憎恶，决心实行绝对的公义，所有各阶层的人衷心情愿服从法律的崇高目标，也可以达到——让我们向上苍祈求吧。这一方面的成就，加上物质上的繁荣，行将替我们心爱的南方创造一个新的天地。

与总统的交往

演讲结束后，州长布洛克立刻跑上讲台来和我握手，其余的人也纷纷和我握手。许多人围着我给予热情的称赞，一时我难以走出演讲大厅。这次演讲对外界公众的影响我开始还不太清楚。第二天一大早，我才明白。我刚走在街上时，就被很多人认出来，他们立刻围拢过来，都想和我握手。我走到另一条街上时，情况也是如此。我不太习惯被公众包围，觉得有些窘，只好返回宾馆。第二天，我就要返回特斯克基，在每一处车站，都有许多人认出我，围在我的身旁想要和我握手。

随后我的演讲词全文被美国各地的报纸登载，在以后的几个月，社论里经常提到它并加以赞扬。有一位名为克拉克·豪威尔先生，是亚特兰大《宪法报》的编辑，他打电报给一家纽约的报纸，电文中有一段讲："昨天布克尔·华盛顿教授的演讲，无论是它的性质，还是听众热烈欢迎它的情形，都可以称为南方人有史以来听到的最了不起的演讲之一。我这样讲，并无言过其实的地方。这篇演讲是一大启示。全篇讲词就像一个讲台，在这个讲台上，黑人和白人站在上面，可以互以正义公道相待。"

波士顿《录事报》的社论上说："本周布克尔·华盛顿在亚特兰大展览会里的演讲，好像把展览会本身一切的节目都掩盖了。这篇演讲在报界的轰动，是空前的。"

很快，我就接到各种讲座、报刊主编的邀请，请我去演讲和撰写文章。有一家经营演讲的机构叫我在规定时期内，替他们服务，他们给我 5 万块钱，或者 200 块钱一晚，并负担一切的费用。我回答这些邀请的措词，一律是：我终生的事业是特斯克基学院；无论何时我只为学校和我们这一种族利益演讲，我不愿意仅为商业利益和别人订约。

演讲发表后不长时间，我把讲词寄了一份给美国总统克利夫兰。我接到下面这封他亲笔的回信——

布克尔·华盛顿先生大鉴：

承寄先生在亚特兰大展览会发表之演讲词，幸甚。

先生此次演讲，意极可感。鄙人拜读之余，至为感动，窃以为该展览会即使别无所成，仅得先生莅临，发表演讲，亦不虚此举矣。凡期望贵种族兴盛之人，聆先生之论，当无不欣慰振奋；而黑种同胞闻先生之音，而不获新希望并下新决心，以求沾公民身份之种种权利者，亦未之有也。专此敬请台安。

格罗佛·克利夫兰启

1895 年 10 月 6 日

克利夫兰在总统任内参观了亚特兰大展览会，那是我第一次与他相遇。他受我和其他人的请求，同意在黑人馆耽搁一小时，用以参观黑人的陈列品，并给在场的黑人一个和他握手的机会。在这一小时之内，克利夫兰先生平易率直的风度立刻感染了我。他把所有的关注都投向了黑人，即便是衣衫褴褛的老黑人“姑妈”，他也会热情小心周到地和她握手，就如同欢迎百万富翁一样愉快。很多黑人请他在本子上或一张纸条上签名，他也极富耐心和认真，就像他在签订国家文件一样。后来，我们在一些公共场合和普林斯顿私邸中有过几次会面，都令我无比钦佩他。

无论是在私人关系上，还是在特斯克基的事务方面，克利夫兰先生都对我表达了友好的相助。每次我请求他帮学校的忙，他从不拒绝。他以个人捐款和利用自己的关系请别人捐款形式，给学校提供帮助。在我们的私人交往过程中，我看不出他有任何的种族偏见。他心胸坦荡，从不存任何偏见之心。我发现，那些心胸狭窄、自私自利、不好读书又从不出门的人，才会拒绝和别人开诚布公、平等相处。那些被种族观念所困的人，永远失去了和世界上最高尚最善良的人交往的机会。种族偏见常常限制了一个人的视野，使他变得盲目又狭隘。那些最感幸福的人，常是那些最肯奉献、努力帮助别人的人。我常在教堂里对我的学生说，我活在世上的时光愈长，阅历愈多，愈坚信最值得做的事是使别人过得更幸福、更有用处，我们可为这件事而生，必要时可以为这件事而死。

饱受非议

我在亚特兰大的演讲，最初获得了黑人和黑人主办的报纸的好感，他们也为这篇演讲词受到欢迎感到欣慰。最初的狂热渐渐平静之后，当人们重读这篇演讲词，有些人就觉当初可能是受到了催眠。他们认为我说的话欠缺力量，没有喊出黑人应该拥有的“权利”，对南方的白人太宽厚了。我们种族里的一些人一度因此而反感我，不过后来我的信仰和作风好像也感化了他们。

谈到舆论的反映，在特斯克基成立后的第十年有一件事令我终生难忘。赖门·阿伯特博士是普里穆斯堂的牧师，他当时担任《瞭望》杂志的编辑，当时这本杂志名为“基督教文协”。阿伯特博士请我写一篇通讯寄给《瞭望》杂志。文章内容依我观察所及，把南方黑人牧师智力和道德的真正情况讲出来。我写了这篇通讯，把我观察的事实照实说出。这篇通讯在黑人看来，写得非常无礼，把他们写得一团漆黑。他们认为我既然是本族成员之一，把本族写得“雪白”就是我的义务之一。而我十分理智地认为，从奴隶起家，我们只用几年时间，不可能发展得如此“雪白”，产生一批像样的牧师。对于我们种族来说，需要更多的时间和机会。

全国黑人牧师看到《瞭望》发表的这篇文章，他们中的很多人给我写信谴责我。比谴责更为严重的，是这篇文章发表后一年中，我们种族的每一个协会、每一个团体联合会、或任何一种宗教团体，每次开会都会在散会之前通过一条议案，内容就是责备我一番，或者令我撤回或修改那篇文章。这些团体中有许多甚至通过决议案，劝家长不要把子女送到特斯克基去读书。有一个协会任命了一个牧师，他的责任就是警告大家不要把子女送到特斯克基去读书，而这个牧师就有一个儿子在我们学校里。我发现，不管这位牧师对别人说些什么，做些什么，他却不让自己的儿子退学。许多黑人的报纸，特别是那些宗教团体的机关报，一致向我声讨，要我撤回那篇文章。

虽然我饱受本族人的批评，但在整个紧张的时期当中，我并未做过任何解释，也没有修改或撤回我说过的话。我知道我是对的，时间和一般人的冷静思考，会证明我的话有道理。时间不长，主教们和别的教会领袖开始对牧师的情况进行仔细地调查，他们发现我是对的。美以美会某一支派的一位年纪最老、最有势力的主教说，我的话还算太客气。公众的意见也很快地表示出来，要求对牧师加以甄别。在这件事还没有采取行动时，我们许多最有势力的牧师告诉我：我的话对于发动一次提高牧师素质的要求，大有贡献。许多一度对我大为谴责的人，后来为我的老实话衷心向我致谢，使我非常欣慰。我这样说，没有丝毫夸张之意。

在我个人关系的拓展方面，黑人牧师界态度的转变是非常彻底的。我现在最亲密的朋友就是他们。我们这个种族的进步最令人满意的证明之一，就是黑人牧师在本质上和生活上的进步。我和黑人牧师相处的过程，还有我经历的其他事情，都使我相信，如果你做某件事遭受别人的非议，而自己坚信所做的正确，那么解决问题的唯一的办法就是站稳脚步，保持缄默。时间会证明你所做的一切正与误。

在寻求平等过程中的思考

在讨论关于我在亚特兰大演讲的那一段时期，我接到约翰·霍布金司大学校长吉尔门博士一封信，他被选为亚特兰大展览会审查委员会主席。信内说：

华盛顿先生大鉴：

兹拟邀请先生为亚特兰大展览会教育部审查委员之一，如承俯允，请即电复，当将芳名列入委员会名单。此颂

台安。

吉尔门谨启

1895年9月30日

接到这份邀请，比我接到展览会开幕的时候发表演说的邀请更令我惊讶。评判员的职责，就是对所有的陈列品进行点评。我接受了这次邀请，在展览会上用了一个月的时间执行这一职责。我不仅对白人的陈列品进行如实地点评，也对黑人的陈列品进行如实地点评，用心执行这一职务应该承担的责任。审查委员会共由60个委员组成，阵容很是庞大，由差不多同等数目的南方白人和北方白人组成，其中有大学校长、第一流科学家和文学家，还有各方面的专家。在我们那一组开成立会的时候，委员之一多玛斯·奈尔森·派基先生提议，推荐我做那一组的秘书，他的提议经全体成员一致通过。我们这一组的成员差不多半数是南方人，在执行我的职务审查白人学校的陈列品的时候，大家都很尊重我。在我们结束工作的时候，我和大家告别，彼此依依不舍。

对于我们种族的政治情况和政治前途，结常有人让我发表

比平时更坦白的意见。依我在亚特兰大经历的这些事情，我想简略地说说一点看法，虽然我从来没有为这件事说过这么多的话。我的想法是：南方的黑人总会得到他们应该获得的一切政治上的权利，但这需要凭借他们的能力、声望、财产，而且自由行使这些政治权利的机会是由南方白人自动给予黑人的，绝不能凭外面的或人为的压力获得，白人还要保护黑人去运用那些权利。我深信，待到南方白人克服了那种受“外国人”强迫才做那不愿意做的事情的感觉，我所说的那种趋势就要实现了。事实上，这种变化已经现出一些端倪来了。

在此，我把我的想法再次重申。假定亚特兰大展览会开幕前几个月，南方以外的报界和舆论要求，在开幕的时候让一个黑人担任一个角色，并选任一个黑人进入审查委员会，南方白人会不会采取任何行动反对这件事呢？我想是不会的。亚特兰大展览会的负责人做出这个决定，是因为他们觉得酬报黑人当中在他们看来有价值的人，是一件愉快的事情，也是理所当然的。不管我们怎么想，人性中总有我们抹煞不了的光辉，这种光辉使得一个人到最后不得不正视另一个人的长处，而酬报他，不管他的肤色和种族是什么。

我相信，关于政治权利方面，黑人宁可先充实自己的财产、知识、品德，采取谦逊的态度，迈着缓慢而踏实的步伐，然后再要求别人完全承认自己在政治上的权利。事实上，现在多数黑人正在这么做。我想，充分获得政治权利这件事，不是一蹴而就的事情，不会像葫芦蔓枝那样，一夜之间就会长得那么强盛。黑人也不应该放弃投票的机会，一个人不投票而学自治，就和小孩子要在陆地上学会游泳一样。我相信，在黑人投票的时候，那些在知识和品德上都优于他的人，会给黑人积极的影响，而那些人，就来自黑人身边的人。

我认识有些黑人，因为受到南方白人的鼓励，得到他们的帮助、指点，也积起价值几千块钱的财产，不过这些黑人同时却想不到向同样的人讨教，怎样去投票。这种作风在我看来不很高明、也不合理，应该改良才对。我说这句话，并不是指黑人应该屈从或者投票不顾原则，因为他们一旦投票不守原则，就会失掉南方白人对他们的信任和尊敬。

任何一州如果不许无知又贫穷的黑人投票，却许同样情形的白人投票，都有失法律的公平公正。这种不公正的法律就会像所有不公道的法律一样，发展到一定程度时就会有意料不到的不良后果产生。这样的法律会刺激黑人想尽方法接受教育、置办产业，也会让那些无所作为的白人继续无为下去。我相信，如果黑人的知识得到一定程度的提升，并和白人建立友好的种族关系，那么南方投票时的欺诈行为，总会有终止的一天。白人骗得黑人的选票，很快就学会骗白人选票，做这种事情的白人罪同盗窃别人的财产，甚至更为严重，这样的人结局必定是阴暗的。我相信南方鼓励全体公民投票的那一天总会来临。从每一个观点来看，这都是有好处的，因为这样可以获得健康而奋发的生活，胜过那种使半数人口没有参政权，和政府漠不相关所造成的腐败的政治。

一般说来，我相信普遍自由的选举，但在南方，我们的处境特殊，许多州都需要用教育上或财产上或两个方面并进的验证，来最低限度地保障一个时期的投票资格。无论哪种测验，一定要绝对公平地施于两个种族的人身上。

美国道德革命的发轫

对于我在亚特兰大演讲的效果，当天在现场的战地记者詹姆斯·克利尔门打给纽约《世界报》的内容，最能真实地描述听众的反应。

今天克利夫兰总统在私邸等候着把开动亚特兰大展览会机械的电花发出，一个黑人先知在广大的白人听众面前发表了一篇南方划时代的演说：一群黑人部队与佐治亚和路易斯安那白种的民团列队前进。全城的人今晚都为这两件空前事件的非常意义激动。自从亨利·格来德在纽约向新英格兰民众发表那篇不朽的演讲以来，从没有什么事情把新南方的面貌表现得那么深远，也许只有此次展览会做到了这一点。

当阿拉巴马州特斯克基黑人工业学校校长布克尔·华盛顿教授站在大会堂讲台上，太阳把听众的头照进他的眼睛里，他的冷峻面孔闪出了预言的火光。亨利·格莱德的继任克拉克·豪威尔对我说道，这个人的演讲是美国道德革命的发轫。

在南方，在如此重要的场合黑人对众多的白人发表演讲，这还是第一次。这篇演讲如同一阵旋风，使全场的人头脑经历了一次风暴。这次演讲，也使布克尔·华盛顿成为一位杰出的人物。

会场里的人还没有坐定，那位高大的黄褐色皮肤的黑人就吸引了所有人的目光。他就是布克尔·华盛顿教授，他坐在讲台前一排座位上。所有眼睛就都集中在他的身上。当吉尔摩尔的乐队奏出《美国国歌》时，听众欢呼了。然后乐队奏出《南军战歌》，听众狂呼喝彩。当《北军军歌》响起时，喝彩声渐减。

这其间几千人的眼睛投向这位黑人演说家。一个黑人行将代表他的同胞发表演讲，没有人阻挠他，这在从前是不可思议的事情。当华盛顿教授走到讲台边上时，那斜阳正把金黄色的光从窗外射在他的脸上。台下观众大声向他欢呼一阵。他掉过头来避开那令人眼花的光线，在讲台上稍稍移动使自己镇静。然后他掉过头来，把他庄严的面容朝着太阳，目不转睛，开始演讲了。

这是一位了不起的人物：高高的身材，粗壮的骨骼，笔直的鼻子，敦厚的下巴，强而有力、显示坚决的嘴，洁白的牙齿，炯炯的眼神。他笔直地站着，就像体格健美又好斗的印第安酋长一样，透露着一种威风凛凛的神气。他那青铜色的脖颈上肌肉突出，粗壮的右臂在空中有力地挥动着，棕色的拳头捏着一支铅笔。他的两只脚很稳地站着，后脚跟靠在一起，足趾向外。他的声音清晰，表现出真诚。每发表一点意见，都很动人地停顿一下。十分钟之内，群众喝彩若狂，手帖飘动，手杖挥舞，礼帽抛在空中。就连佐治亚州最娴美的妇女也站起身来，大声喝彩，仿佛这位演说家把他们迷惑住了一样。

当布克尔·华盛顿把黑色的手高举过头，手指伸得很开的时候，他代表他的种族向南方的白人说，“在一切纯粹社会性的事情上，我们可以像手指一样，各个分开。可是在一切共同发展的事情上，我们就和一只手那样，是一体的。”那雄壮的声浪撞在墙上，全体听众起立，疯狂地称赞。这情景令我想起了在岱尔蒙涅的大会上，亨利·格莱德在烟雾缭绕中站在那里说，“我是圆头党中的一名骑士”。

许多国家的很多伟大演说家的演说我都听到过，他们常为发表一项主张而演说。即使格莱德本人和他比起来，也不免有些逊色。他站在曾用战争来保持对他那个种族进行奴役的人们中间，完美地表达出自己的意思。尽管欢呼声一浪高过一浪，他那恳挚的态度却没有丝毫改变。

一位结实的黑人蹲在走廊的地板上，他用兴奋的眼光注视着这位演说家，等到喝彩达到顶峰时，他面孔发抖，流下眼泪。多数黑人激动地在哭泣。

当布克尔·华盛顿演讲结束时，州长布洛克跑到讲台来，紧紧握住这位演说家的手。另一阵欢呼声表示拥护州长的举动。这两个人面对面，双手紧握好几分钟。

亚特兰大的这次演讲之后，我接到许多演讲的邀请。只要特斯克基的事务允许我抽身，我特别愿意接受这样的演讲邀请：为了我的族人，我可以如实说话的演讲。我总是先声明，演讲时我可以谈我毕业从事的事业，谈我们种族人的需要。我还声明，我不以职业演说家的身份进行演讲，也不仅仅为金钱收入演讲。

每次公开演讲，我都不太清楚为什么会有人跑来听我讲话。看到成群的人来到演讲厅听我演讲，我常常内心有愧，深怕自己浪费听众一个小时的时间。几年前，威斯康星的麦迪逊一个文艺协会邀请我去演讲。在演讲当天狂风夹着暴雪，几个小时都没有停止的意思。我为了本分的责任去了教堂，本以为一个听众都不会有。等我到了教堂，里面竟然坐满了人。这情景令我非常感动，并且整晚都处在这样的感受当中。

不是秘诀的秘诀

— 第十五章 —

与不同类别听众的共鸣

常常有人问我，在演讲的时候是不是很紧张，也有很多人认为我经常演讲已经习以为常，不存在紧张的问题了。其实在每次演说之前，我总是感到非常紧张，甚至有几次我紧张得无以复加，下了决心从此放弃公开演讲。我不仅演讲前感到紧张，演讲结束又常常陷入懊悔的情绪中。我总是觉得我把最主要的最好的那一点给漏掉了。

在演讲当中，当最初的紧张感过去以后，大约在演讲十分钟左右，我就感觉我和听众已经有了充分的契合，我对听众已经有了把握。那种在公开演讲中，运用自己的智力和体力，去让一大群听众有所共鸣的快乐感，我很少在做其他事情时能够体验到。那种共鸣的力量，仿佛看得见摸得着一样。更为神奇的是，如果一千个听众中有一个人反对我的意见，或者执有怀疑、冷淡、批评的态度，我总是能够知道他在哪里。我对他坦率相待，如果看到他对我的态度有所好转，更是令我快慰。我对反对者最有效的办法就是讲一个有趣的故事。但我从不会单单为了吸引别人为了讲故事而叙述某个轶闻。这种空洞的演讲，听众总是会发现的。

一个人如果为了演讲而演讲，这是对不起自己、也对不起听众的事情。除非从心底里觉得有重要的话要告诉别人，否则就不需要演说。当一个人从里到外都觉得有些话对某人或某事十分有益时，那么就请让他演讲吧。那些硬造出来的演讲术法则，在任何情形之下都没有多大用处。虽然停顿、呼吸、声调的高低等等技艺是很重要的，但失去了演讲中的“灵魂”，这些技巧都是虚设。在我演讲要开始的时候，我忘记英文的一切正确语法，一切修辞之类的事，我也希望所有的听众也忘记了这些事。

如果有人在我演讲的时候离开讲堂，那么我会无比慌张。为了防止有人离开，我总是想法子把我的演讲内容弄得很有趣，让观众从头至尾被吸引住。我渐渐相信，一般听众需要知道事实、概论和说教还在其次。我想多数人只要有趣的事实做根据，自然能够下适当的结论。说到哪些听众是我喜欢的，我愿意把商人团体放在首位，尤其是来自波士顿、纽约、芝加哥、布法罗等地的商人，他们有力量，有警觉。比起其他的听众，他们能更快地就懂得演讲的要点，并有所反应。近几年来，我参与了向美国各大城市这一类最大的团体进行演讲的活动。对商人团体最佳的演讲时刻是在宴会之后。或许世上最折磨人的事便是邀请一个人赴宴，叫他在享受十四道菜的过程中，每一分钟都确实感觉到，不久要发表的演说是一篇一塌糊涂的东西。

每次参加完这种久坐的盛宴后，我都非常想再回到童年的那个小屋，重过奴隶儿童的生活。我无法忘记每星期一次从“大屋子”里领到糖浆大吃一顿的感受。在大农场里平时给奴隶的食物只有玉蜀黍和猪肉，只有主日那天的早晨，我的母亲从“大屋子”里可以带回一点点糖浆，分给她的三个孩子。

啊，当我看到母亲手里的糖浆，我多希望每一天都是主日啊！我兴奋地拿着一只铁盘子，闭着眼睛，高高地捧着盘子等那糖浆，心里希望等我睁开眼睛的时候，看到我得了很多糖浆而惊喜。当我睁开眼睛，看见属于自己份内的两匙糖浆，就会把盘子晃一晃，让糖浆铺满了碟子。我总觉得，铺开的糖浆比聚在一起的糖浆显得多，也能吃更长的时间。那两匙糖浆在我幼小的心灵上留下印象，比起以后宴会上那十四道菜，更为美好。

其次我喜欢的演讲对象是南方人，不论是针对某个种族，还是几个种族的人在一起。他们的热情和反应总是令我快慰和激动的。当黑人们同时叫出“有道理”，足可以使任何演说家竭尽全力。

再其次我愿意对大学生演讲。我能够在许多著名的大学演讲，感到非常荣幸。这些学校包括哈佛、耶鲁等大学，还有宾夕法尼亚大学、威尔斯来、密歇根、北卡罗莱娜的圣三一大学以及许多别的大学。

每次演讲结束，许多人会前来和我握手，很多人说这是第一次他们称呼一个黑人做“先生”。

在专为特斯克基演讲的时候，我总在事前找个重要的地方安排一连串的会议，通常是在教堂，主日学校，基督徒工作会，男女俱乐部里。在这种情形之下，在一天之内，我要在四个地方去演讲。

3 年前，经纽约的毛利斯 · 杰特博先生和约翰 · 史莱特尔基金会的总代理人珂利博士建议，这个基金会投票决定拨一笔钱，供我们夫妇在黑人人口集中地，特别是从前蓄奴州的各大城市，举行一连串黑人的聚会。三年来，每年我们都用几个星期做这件事情。我们的计划是上午由我对牧师、教师、专业者演讲，下午由我的太太对妇女演讲，晚上我对大群民众演讲。不论是黑人，还是白人，差不多每一次演讲，他们都会出席。举例说，在田纳西州查达努加那一次群众大会，差不多有 3000 多人出席，据别人告诉我，其中白人有 800 人。我觉得所做的工作中，再没有比这件工作更使我高兴，更有良好的成就了。

这些聚会给了我们夫妇一个机会，能够直接了解我们这个种族的真正情况。我们去参观他们的家庭、教堂、主日学校，以及工作的环境，还有他们的监狱。这些聚会还给了我们一个了解黑白两种族关系的机会。我在连续举行这样的聚会以后，对于黑人的希望从来没有这样高过。我知道在聚会这种情形之下，有许多现象是表面的、欺骗人的，对于有过工作经验的我来说，从不会被表面工作和一时热情所蒙蔽。我费了很多心血，冷静、客观、认真分析和调查，务必获得事实真相。

不久前有一个自称非常了解黑人生活的人写了一个报告，报告里说有 90% 的黑种妇女不贞洁。对黑人的评价，再没有比这个人说的更糟糕的了，也从没有一篇文章比这篇更受不起事实的考验。

在南方的中心区，任何如我一样和黑人接触了 20 年的人，都能感受到我们这个种族在物质、教育、道德各方面在不断进步。虽然步伐慢些，却很坚定踏实。

在罗伯特·萧纪念碑奉献典礼上的演说

1897年春天，我收到一份请帖，请我在波士顿的罗伯特·戈尔德·萧纪念碑奉献典礼发表演说。我答应了。我很明白，对于罗伯特·戈尔德·萧是怎么样的人，做了哪些事用不着我去多讲。纪念碑就在波士顿公园附近，面对州政府大厦。这是一般人认为在这一类艺术中，美国最了不起的杰作。

在波士顿的音乐厅举行了奉献典礼。这是本城优秀人物的集会，大厅里被挤得水泄不通。许多代表当年反对奴隶制度最有力的人物都出席了。对于他们来讲，以后可能再也不会像这样聚集在一起了。麻州州长罗吉尔·乌尔科特当主席，与他同列讲台上的是许多其他的官员和几百位名人。波士顿的《录事报》刊载一篇关于这次大会的报告，我把它引用在这里：

昨天，在音乐厅举行了为纪念“以天下为一家的人”的盛大聚会，它的中心事件是特斯克基学院黑人院长发表的杰出演说。乌尔科特州长说：“布克尔·华盛顿去年六月得到哈佛大学文学学士名誉学位，他是他那一个种族最早得到本国最有历史的学府这种荣誉的人，而这项荣誉是因为他领导他的同胞有方，才颁给他的。”在满布国旗、热情洋溢、充满爱国气氛的音乐厅中，华盛顿先生刚一起立，全场的人都感受到了，在这里他们看到了麻州昔日废奴精神的人证；在这个人物身上，麻州旧有的坚定信仰获得了证明；在他的健全的思想和宏伟的讲词中，往年战争时期的痛苦和搏斗戴上了冠冕，发出了光辉，那场面充满了历史的美和深奥的意义。"冷淡"的波士顿又有了活泼的气象，燃烧着这座城市的内心一直炽热着的正义与真理之火。成群在公共集会中难得露面的人物，本来在假期中一定要出城度假的家庭，都拥到这里来。这座城市好像逢到节日，成千最优秀的市民，男的女的，全来参加，这些人的姓名和经历，各具美德，是本城市民的光荣。

空中充满战时的音乐。一阵又一阵的喝彩声，热烈而持久，对陆续登上讲台和走进音乐厅的政府首长，萧上校的朋友、雕刻家奥古斯登，纪念委员会、州长和他的属员、还有第五十四麻州黑人军团的黑种军人表示敬意。安德鲁州长的旧属亨利·李上校代表委员会简单致词，话说得极为得体，他对前任约翰·福布斯先生倍加赞扬。乌尔科特州长的话说得不多，却很高明。他说："华格纳堡给一个种族划出一个新纪元，使这个种族走进成年时代。"昆塞市长代表波士顿接受这个纪念碑。把萧上校的事迹和他的黑人军团的历史用堂皇的语汇讲述出来。接着唱出：

我的眼睛看到
吾主来临的光荣

接着布克尔·华盛顿站起来。当然，这正是他的时刻。大厅里本来很静，这时有一种无法遏止的兴奋情绪漫延开来。好多次听众全体一致起立欢呼、挥手。当这个有修养、有嗓子、有力量、有黑色皮肤的人开始了演说，讲出史梯恩斯和安德鲁的名字的时候，军民眼中盈满泪水，情绪更为激动。当这位演说家对着台上黑人官兵、对着战时虽身受重任也不肯放下军旗的华格纳堡执军旗的旗手说："对于你们来说，对于你们这些带着疤痕的第五十四团零散的残存的断了臂或失去了腿的壮士来说，你们的司令官并没有死。虽然波士顿没有替你们以及你们所代表的忠勇的种族立纪念碑，可是罗伯特·戈尔德·萧却有了一座时间不能侵蚀的纪念碑。"这句话刚说完，这一天凝聚感情的最高潮时刻来到了。身为麻州州长、各界民意的代表、地方最高长官的罗吉尔·乌尔科特第一个跳起来，高呼："布克尔·华盛顿万岁！"

那位在华格纳堡执着美国旗的黑人军官威廉·卡奈列席讲台上的人当中，尽管他那一团的人大部分已经战死，他却逃了出来，在战役结束后，高呼道："那面旧旗从来没有碰过地面！"

卡奈军官坐在讲台上，手执军旗。当我转身向着那出席的黑人军团残存者，提到卡奈军官的时候，他站起来，自然而然地举起了那面军旗。我公开演说以来，看见过许多令人满意的，而且相当激动的情绪表现，可是没有哪次能比得上这次。那动人的场面，我从来没有经历过。

面对16000人的演讲

美西战争结束不久，全国一派欢天喜地，好几个大城市都在筹备举行和平庆祝。芝加哥市即将举行的庆祝会邀请委员会主席芝加哥大学校长威廉·哈勃尔请我前去发表演讲。我接受了邀请，在庆祝周内演讲了两次。10 月 6 日主日的晚上我在大会堂发表第一次演讲，也是主要的一次。这是我自从在全国各地演讲以来，听众人数最多的一次；除了在大会堂演讲以外，同一晚上，我还在芝加哥其他两处听众人数众多的地方演讲。

据说当时大会堂里有 16000 人，有很多人想要挤进来。没有警察帮助，谁也无法走近门口，总统和他的内阁成员、许多外国使节、海陆军军官（许多是最近结束了的战争中出色的英雄）出席了这次庆祝会。主日晚上除我而外，发表演说的有犹太教的法师埃莫尔·侯斯奇、多默斯·豪德纳神父、约翰·博罗斯博士。

芝加哥《时代导报》报道当晚的情形，提到我的时候说：

他描述黑人为了免于灭亡，宁愿过奴隶生涯的情形；追述克里斯珀斯·阿特克斯在美国革命初期流血，使白种美国人获得自由，而黑种美国人仍然为奴的往事；重提黑人和杰克逊在新奥尔良的事迹；生动而感人地叙述南方黑奴保护主人的家庭，维持家中生活，让主人到前线作战，以保持他们奴役黑人的权利；列举黑人军队在哈德逊堡、华格纳堡、匹罗等地作战的英勇，称赞冲破厄尔·卡奈及桑地亚哥，解救被奴役的古巴人民，却完全忘记在他们本国内，法律和习惯歧视他们的黑人军团。

那位演讲人说，在这些事情上，他的那一种族尽了最大的力量。然后他高声地向白种美国人的良心呼吁：等到你们知道了在美西战争中黑人的全部英勇事迹，从南北军人、从以往主张废奴的人和以往蓄奴的人嘴里，听到了这些事迹，就请你们凭良心决定，这样一个愿意为国家效命的种族，是否应该获得最多的机会为国家生存。

芝加哥校长在美西战争中非常赏识黑人的英勇，当我在演讲时向校长道谢时，观众的情绪达到了顶峰。我当时掉转头来，朝向校长所坐的右首包厢，待我厚道的感谢话说完，全体听众都站起来，他们向他欢呼，挥着手帕、帽子和手杖，最后校长只有在包厢里站起身来，鞠躬表示接受我们的称赞。这一来，听众的热情更加高涨，那种情景简直无法形容。

南方的新闻界对我在芝加哥演讲词的部分内容似乎有些曲解。有些南方的报纸借此对我进行了持续几个月的激烈批评，最后我接到阿拉巴马州《现代导报》编者给我的一封信，要我解释我讲词的那一段到底是什么意思。我写了一封信回他，这封信好像使批评我的人满意了。在那封信里，我说，我抱定宗旨，凡是对北方听众讲的话，没有一句不能拿来对南方听众讲的。我说，我认为我无需细加解释；如果我在南方中心区 17 年的工作还不能获得别人了解，我不懂还有什么能够解释。我说，我在演讲的时候，提出应该消灭“商业和公民关系上”的种族偏见，在亚特兰大也是这样说的。我说，所谓“社会认可”一词我从来没有讨论过，然后我引用我在亚特兰大的讲词中所说关于那一主题的话。

如果有人问我在公开演说的时候最怕哪些人，那么我的回答是怪人。应付这些怪人对现在的我来说已经不是太难的问题了，当他们在人群中挤过我这边来的时候，老远我就能发现。一般怪人总是有着共同的特征：瘦长的脸上布满很久没有好好修剪的长胡子，身穿黑色上衣，背心和上衣的前领总是油乎乎的，裤子的膝部总是像只麻袋似的。

这些怪人总是做出一副能改良时弊的样子。在芝加哥的一个集会演讲时，我就遇到这样的一个人。他有一套非常特别的主张，主张黑人都去种玉米，因为玉米可以收藏三四年。虽然我竭力使他相信，怎样让黑人学会种植足够一年吃的谷子是目前最紧要的问题，但结果是毫无用处。另一位芝加哥的怪人有一套计划，并力邀我一同参加，让我和他一同想办法把全国的国家银行全部关闭，他认为这是黑人可以自立的方法。

还有一种令我苦恼，就是那些随时无缘无故糟蹋别人时间的人，而这样的人数也数不清。有一次，我在晚上对波士顿的许多听众演讲。第二天早上我被叫醒，接到了一张名片，上面写着某人急于要见我。我怕误了重要的事情，急忙穿好衣服下楼。我赶到了旅馆办事处的时候，发现要见我的人是一副冰冷的面孔。他冷冷地说：“我相当喜欢你昨晚的演讲，所以今天早上再来听你讲一些。”

在纷繁的事务中如何能做到有条不紊

常常有人问我，为什么我经常离开学校，却能督察特斯克基的事务。有一句古老的格言：你自己能做的事，不要叫别人去做。而我把这句话反过来用，就是：别人也能做的事，你不要去做。这就是这个问题的全部答案。

特斯克基学院最令人鼓舞的现象就是，学校组织严密，每天校里的常务按部就班进行，用不着专人去监督。全部行政人员，包括讲师职员现在共有 86 人。这些人职责分明，一天一天学校就像时钟一样，不停地发挥机能。我们多数的教师在学校里工作多年，对学校的爱护和我一样深切。在我外出时，会计瓦伦·罗根先生就是负责人，他在学校里也有 17 年了。我的太太和我忠心的秘书艾迈特·司柯特先生都切实地帮他的忙，司柯特先生处理我的大批信件，逐日把校中动静报告给我，并且把南方任何有关黑人的消息通知我。他的圆通、智慧、勤劳对我大有好处，我感激他之深，无法形容。

无论我是否在学校，学校主要的行政工作都由校务委员会负责。它由学校中九个系的系主任组成，每星期开两次会。举例说，布鲁士太太是女校校长，她是已故参议员布鲁士的妻子，也是委员会成员之一。关于本校女生的所有生活，由她在委员会里发表意见。此外，学校还有六人财务委员会，该会每星期开会一次，决定一周的各项开支。所有讲师每月聚会一次，有时次数还要多些。还有无数规模较小的会议，像费尔勃斯堂圣经训练学校的讲师会议，或农业系讲师会议等。

我拟好了一套报告的格式，以便我外出时时刻了解学校的情况。我规定，无论我在本国什么地方，他们都把校中的情况记录下来，每天寄给我。从这些报告中，我时刻了解学校的工作细节，甚至哪些学生缺课，不管是因为生病或其他原因，我都有所掌握。至于每天学校里有哪些进项、牛奶棚生产了多少加仑牛奶、多少磅牛油；教师和学生菜单是什么；是不是某一种肉是炸的或是烤的；餐厅吃的蔬菜是在店里买的，还是从我们的农场上摘来的，这些大事我更是了然于心。我发现全世界的人性都差不多，有时受不住引诱，宁愿在店里买一桶米，洗好了马上可以下锅，也不愿意花时间费事，去到田里挖些自己种的山芋来洗洗吃，这本来是可以代替米的。

保持旺盛精力的秘诀

我工作非常繁忙，又要把一大部分的时间用于公众场合。常常有人问我，我还有休息和娱乐的时间吗？什么样的消遣和运动是我喜欢的？这似乎是个难于回答的问题。每一个人都应该保持自己的精力旺盛，身体康健，内心平和，随时可以担当重任、忍受打击、应付困难，这是我的主张。我自己定下规律，尽我的力量计划每天的工作，每天要做到例行公事，高效处理完公事，然后开始新的和预定的工作。我每天案无积牍，这是我的规矩。每天离开办公室前，所有的信件、备忘录都已经处理好，这样第二天才能开始新的一天。我的工作准则是绝不让工作逼我，我要自己操纵工作，我要做工作的主人，不做它的奴隶。主人的感觉是身心上、精神上的愉快，这种愉快非常令人满意，也很有鼓励人的作用。我的经验告诉我：如果一个人照这样去做，他一定能靠工作使身体强壮，精神饱满，对于维持健康，大有裨益。我相信，一个人到了爱他的工作的时候，他就有一种最有价值的力量了。

每天早晨一开始投入工作，我都盼望这一天顺利而愉快，但是我也有遇到不愉快和意外困难的心理准备。我随时准备一些坏消息，比如，学校里有所房子失火了，甚至烧光了；有一件令人讨厌的事情发生了；有人在公开演讲的时候骂了我，写文章骂了我，批评我某件事的做法是错误的，批评我在某方面的不作为，或者传言我说了什么话，这话可能是我自己想都没有想过……

我说过，维持一个人身体的健康，是他自己的责任。我平时注意小病，相信只要我注意小病，大病就不会发生。如果我发现身体任何部分有一点点衰弱，不能发挥它的作用，我就请一个好的医生诊视。我发现能随时随地进入深度睡眠是大有益处的事。我一向训练有素，随时可以睡十五分钟、二十分钟，醒来身心都感爽快。等到我发现我睡眠不好的时候，我知道一定有什么问题了。

我定下例来，每天的工作不做完，绝不休息。但也有一个例外，在我有一个特别困难的问题要解决的时候，就是那些对于情绪极其有影响的问题，我发现，睡一晚再说，或者等着我有机会与我的太太和朋友谈过了再说是非常好的解决办法。

说到读书，只有在车上才是我能够好好读书的时间。读报纸成为我多年的快乐和消遣，唯一的麻烦是我读报读得太多了。我不喜欢读小说，常常我差不多要强迫自己读一本脍炙人口的小说。我最喜欢读的是传记，喜欢读的是真人真事。我如果说已经读遍所有关于林肯的书和杂志，绝非是夸张之词。在文学上，他是我的守护神。

每年我可能有六个月我不在特斯克基。离开学校这么长时间，确实有很多不利之处，却也有许多难得的益处。换一种工作方式，于我也是一种休息。我喜欢长途旅行，在车上哪里舒服就坐哪里。在车里休息时，或许免不了有被人打扰的小烦恼，比如有人跑到我面前来，希望把自己介绍给我认识。离开了学校，我就可以脱身不重要的工作细节，比身处学校更能抱远大的眼光去研究工作本身。外出时我也能接触到教育方面最优秀的成果和本国最优秀的教育家。

除了上述谈的，对于我来说，最实惠的休息和娱乐，还是在特斯克基。在我们吃完晚饭以后，我们按平时的习惯，我和我的太太、女儿博夏、儿子布克尔和戴维森一同坐下，读一个故事，或者轮流讲一个故事。就我说来，这是上帝赐给我的最大福分。我们全家在主日下午喜欢的消遣，是一起出去到树林里散步一小时或更久些，这时我们和大自然亲密接触，没有任何人打扰我们，周围只有清洁的空气，树木，矮林，花草，和各种植物喷出来的香味，听蟋蟀的唧唧声和鸟雀的啁啾。这是名副其实的休息。

我的花园是我的另一休息和享受，只要在特斯克基有一点点时间，我总不错过它的。我不喜欢人为的或模仿的东西，总喜欢尽可能和大自然接触。只要我能按时间离开办公室，我总用三四十分钟的时间在园子里播种锄草，这时我总能感觉到一种真实力量的所在，使我能尽世界上等着我去尽的许多责任，应付许多等着我解决的困难。我可怜那些从来不学习欣赏大自然的男男女女，他们不知道从这里面获得力量。

除了学校蓄养的大批家禽、动物之外，我个人还养了许多猪、家禽，挑的都是好种，觉得非常有趣。我很喜欢猪，很少有比头等八克斯郡猪或波华猪更使我满意的东西。

我不大喜欢看比赛。我从来没有看过一次足球赛。说起纸牌来，我一张也不认识。偶尔和我的两个儿子玩一下石弹子，就算我唯一喜欢玩的游戏了。我想，如果我小时有时间玩，现在我一定喜欢玩，不过那时是办不到的。

第十六章

『被』欧洲之旅

对于欧洲之行的纠结

1893 年我再次结婚。妻子玛珈烈 · 詹姆士墨利女士是密西西比人，田纳西州纳斯维尔的费斯克大学的毕业生。我们结婚的时候，她正担任特斯克基女校校长（几年前她就到该校执教了），她给了我多方面的帮助。在校内的各项工作中，她跟我高度统一，是不折不扣的好帮手；在校外，她除了主持特斯克基城里一个母亲会，还指导一座大农场（农场离特斯克基约有八英里）的男女老幼进行种田，这两方面的工作不但直接帮助了相关的参与者，而且给我们的实习学生提供了极好的认识社会、开创事业的借鉴资料。

不仅如此，我们学校里有妇女组织的一个俱乐部（该俱乐部设在校内，每月开会两次讨论重要的问题），大部分工作也归我妻子负责。另外，我妻子还有两个头衔，分别是南方黑人妇女俱乐部联合会的会长，全国黑人妇女俱乐部联合会理事会的主席。

我有三个孩子，女儿博夏擅长乐器，从特斯克基毕业以后，就在那里教书。她学的是裁缝。

儿子布克尔 · 塔立亚费罗很小的时候就一面读书，一面学砖工，到现在，仍然酷爱研究砖工，虽然还很年轻，在这个行业中可以说达到了很高的造诣，他的理想是做一个建筑师和砖工。我收到的最满意的信之一，是布克尔去年夏天写的。当时我有事离家，外出前交代他半天专心干本行，半天从事自由活动。两周后收到如下来信：

我亲爱的爸爸：

记得离家前您关照我只要半天专心干本行即可，但我实在太喜欢这一行了，所以要整天都给它。另外，我努力工作多挣钱，将来进另一所学校之时，就不愁花销了。

您的儿子
布克尔 上
于阿拉巴马，特斯克基

小儿子厄涅斯特·戴维森·华盛顿的理想是当医生，利用上学的时间，除了学习和经受做工训练，他还常常去驻校医生的医务所里帮忙，已经成为医生得力的小助手。

因为工作和公众事务的原因，我不得不有许多时间离开家——这是我一辈子都惋惜的事情——要知道和世界上所有其他地方相比，家是多么值得停留的地方。许多人的职业使得他们能每晚回家，呆在温馨的家里，我多么羡慕他们！而那些能每天回家的人，自己并不感觉到幸福的时候，那又是多大的遗憾！在我看来，一个人不用和大群人长时间相处，不用常常握手、旅行，只要能回到家里，哪怕只是几分钟，也可以得到彻底的放松和休息。

在特斯克基，另一件使我觉得很快慰的事情，是每晚 8 点半钟（在睡觉以前），在小教堂里，我们的学生、教师和他们

的家人（有 1200 人左右），聚在一起做祈祷，站在讲台上看着这一幕，令人非常感动，假如身临其境你也会这么想：能够有机会帮助他们，指导他们，过更高尚、更美好的生活，真是一件幸事。

1899 年春天，我遇到一件奇事，那是一生中最意料不到的事情。在豪里斯街戏院，波士顿有几位慈心太太为特斯克基学院举行了一个公开的集会，出席者都是本地热心肠之人，两个种族的人都有，担任大会主席的是劳伦斯主教。集会上，我作了演讲，保罗先生朗诵了自己的诗，多波依斯博士朗诵了一篇创作。

会上大家都看出来，我十分疲惫。会后一会儿，担任主持人之一的一位太太随口问我，是否去过欧洲，我说没有。她又问是否想去一趟，我说不敢想，因为这是我办不到的事。谈完我也没挂心上，没想到过几天，他们通知我，波士顿包括法兰西斯 · 戈理森先生在内的几个朋友，为我们夫妻筹了一笔足够到欧洲游历三四个月的钱，而且让我们一定要去。一年之前，戈理森先生曾经说过筹款让我去欧洲度假一事，我没把它当真，没想到这次他们不但真的筹到了经费，戈理森先生还画好了路程的地图，我相信他甚至已经选好了轮船。

这件事太突然了，我简直有些云里雾里。要知道 18 年来我一直心无旁骛，打算在特斯克基兢兢业业工作直到终老。我对朋友们说，学校的大部分经费还得我来筹措，假如我外出的话，学校将由于财政困难而陷入困境，因此诚挚地感谢他们的好意，我心领了，但是恕难从命。谁想朋友们又说，包括亨利·赫根森先生在内的一些好友正在筹一笔钱，足够在我离校期间，维持学校的开支。真是盛情难却呀，到了这个地步，我只有恭敬不如从命了。

而在心底，仍然觉得恍如一梦，难以置信：我，一个从出身在无知、贫穷的最底层的奴隶，一个在底层的环境里长大的人，一个童年连睡觉的地方都没有的人，一个在长大成人以前，从来没有坐在餐桌前吃一顿饭的权利的人，一个曾经吃不饱，穿不暖，无处栖身，受尽了痛苦的人，现在竟然能到欧洲去？欧洲，尤其是伦敦、巴黎，简直就是天堂。总觉得，到欧洲去是一个太华丽的梦想，像其他一切奢侈品一样，只适合白人享用，不是我们这个种族的人能够企及的。而此刻，我真的能到欧洲去吗？这是真的吗？

还有些想法也使我彷徨，比如，没有完全了解真相的人听说我们夫妻要到欧洲去，会不会觉得我们自大了，有了可怕的虚荣心？小时候，常听说，我们这个种族的人一旦稍微有了一些儿成就，便会沾沾自喜、洋洋得意，开始摆阔，最终被人瞧不起。现在别人会不会这么想我们呢？再如，怎样才能抛开工作同时还保持心里的平和？这可是个难题，当别人都在忙碌的时候，还有不少工作需要做的时候，自己跑出去度假了，于心何忍？简直有些自私和卑鄙。打记事起，我就一直在工作，以至于我没有休闲的概念，不知道该如何在不工作的状态中消磨三四个月，真的，我不知道如何休假。

我妻子也是没有休假概念的人，但是她却非常想去，因为她觉得我需要休息。那段时间，好多重要的和我们这个种族的人生活有关的全国性的问题正在提出加以讨论，这使得我们更加难以抉择。然而最终我们还是答应了朋友的善意，他们坚持动身越早越好，于是就定在5月10日。为了这次旅行成功，热心肠的好友戈理森负责安排了一切细节，他和别的朋友还写了多封介绍信，让他们法国和英国的朋友为我们在国外的生活提供方便，还作了其他的一些安排。我们惜别了特斯克基，5月9日到纽约，准备次日上船。正在麻州的南弗兰明恩读书的大女儿博夏到纽约来给我们送行。秘书司柯特先生也来了，帮我在出国前把最后一点公务处理清楚。其余的朋友也来送行。就在我们上船之前，又传来一个好消息：收到两位慈心太太的一封信，信上说，她们要捐一笔钱盖一所新屋子，供我们在特斯克基建筑房屋，可以作为女生部的工业之用。

在欧洲受到的礼遇

上船不久船就开了。这是一艘巨大、美丽的船——红星轮船公司的“夫利斯兰”号。从来没有乘过这种巨型海轮，心情很复杂，又欢喜，又忐忑。令人喜出望外的是，船长和好几位高级职员不但知道我们是谁，盼望我们来，还对我们的到来表示热烈的欢迎。好几位我们认识的乘客，如新泽西州的参议员塞威尔，新闻通讯员爱德华、马歇尔也同乘一船。因为我们种族里别的人渡过大洋，有过在美国船上遇到不愉快的经验，造成我有些担心，怕有些乘客会对我们不礼貌。而事实证明这种担心纯属多余，所有船上的人——从船长到乘客，到最下级的仆役，无不对我们非常亲切友好。包括一些南方的乘客，对我们也都同样地诚挚和蔼。

当船随着最后的告别声离开了码头，18 年来背负的忧虑、焦灼和责任的重担仿佛也被我甩在了身后，渐行渐轻，这么多年来第一次尝试“无牵无挂”之感——哪怕仅是程度上的说法而已，心灵的轻松难以形容，外加一点，就是期盼，盼望着到达欧洲的欢喜，美丽得恍如梦境。

细致周详的戈理森先生给我们定了船上最舒适的房间。从第二天或者第三天起，我沉浸到甜美的睡眠中，决定以后十天每天睡 15 小时，这时才猛然明白自己是多么的疲惫。船到了大西洋对岸，我继续每天长时间酣睡，一直睡了一个月之久。早上醒来的感觉很奇妙，发现没有日程安排——不需要在某一刻乘某一班火车，不需要和什么人会面，不需要在某一刻发表演讲——这和我一夜要换三个睡觉的地方那种旅行比起来，真是天壤之别啊！

到了主日那天，船长邀请我主持礼拜，可惜我不是牧师，我婉言谢绝了他。乘客们希望我能挑个时候在餐厅里发表一篇演讲，我答应了。担任此次演讲会主席的是参议员塞威尔。风平浪静的十天很快过去了，我一点儿也不晕船，我们在比利时安特卫普那座有趣的古城登陆。

登陆后第二天，风和日丽，恰逢欧洲的一个假日。我们旅馆的房间正好对着城里主要的活动广场，眼前的场景使我觉得新鲜极了：从乡间来的人们带了各色美丽的鲜花来卖；女人带了狗儿在跑，狗儿拖着漆得发光的大铁罐，铁罐里面装了牛乳；人们拥进主教的大堂里。在安特卫普住了一些天之后，我们和六七个人一起，应邀到荷兰玩了一趟。同行者有马歇尔和同船来的几位美国艺术家，这次出游玩得很尽兴。由于大部分旅途乘的是很慢的旧式内河船，因此更是趣味盎然。这样的旅行，使我们能观察并研究乡间人真正的生活情况。我们乘坐旧式内河船先到鹿特丹，后来又到海牙，当时海牙正在召开和平会议，美国代表们很热情地接待了我们。

荷兰农业的完美和荷尔斯坦牛种的精良给我留下了至为深刻的印象。在游历荷兰以前，我从来不确知一小块土地上能有多少产出。仿佛觉得，在荷兰绝对没有一块土地是没有好好利用的。三四百只荷尔斯坦牛在碧绿的原野吃草的美丽场面，让我深深地感到此行不虚。

从荷兰我们又去了比利时，在比利时匆匆走过，到布鲁塞尔参观了滑铁卢战场。离开比利时即奔巴黎，找到特奥多·斯坦顿先生，伊利莎白·凯迪·斯坦顿太太的儿子，他热情招待我们住下。刚住下，就接到巴黎大学俱乐部的赴宴请柬，美国大使贺礼斯·波特尔将军任宴会的主席，其他的客人是哈里逊将军和爱尔兰大主教，当时他们也在巴黎。在宴会上我发表的演讲，好像大家都比较满意。哈里逊将军也发表了富有感染力的讲话，他用一大部分的时间谈及我和特斯克基学院对美国种族问题的贡献。宴会中演讲以后，别的邀请便接二连三地来到，不过我大部分都谢绝了，否则此次出来旅行的目的就达不到了。不过，我答应下一主日的早晨在美国小教堂里发表一篇演说，在这次聚会中，哈里逊将军，波特尔将军等一些美国名人都在座。

后来，美国大使正式邀请我们参加在他家里举行的招待会。招待会上遇见许多美国人，其中有美国高等法院的夫勒尔大法官、哈尔兰大法官。在巴黎的日子里，美国大使和他的夫人，还有好几个美国人，对我们都热情有礼。

法国人爱享受，爱刺激的性格，给我留下了很深的印象。他们在这方面比我们种族里的人要显著得多。我相信，就捍卫道德和道义的力度而论，法国人并不见得在美国黑人之上。生活的艰辛、剧烈的竞争使他们办事特别认真，生活非常节俭；不过，我想时候到了，我们这种族的人也会做到这些的。在诚实和廉耻上，我相信一般法国人并不见得在美国黑人之上；而就对畜牲仁慈这一点来说，我相信我们这个种族的人在他们之上。事实上，当我离开法国的时候，对美国黑人的未来比以往更具信心了。

他凭借什么成为大师级人物

在巴黎，我与美国黑人画家亨利 · 特纳尔先生常常碰面，他现在是名画家了，而我们彼此早就认识。特纳尔先生在艺术界鼎鼎有名，各界的人又都那样推崇他，让人欣慰。当我们告诉几个美国人说我们要到卢森堡去欣赏一位美国黑人的画作时，他们很难相信，一个黑人会受到这样的尊敬。除非亲自看到了那张画，他们是没有办法真正相信的。

和特纳尔先生的交谊，使我更深刻地认识到一个真理，这也是我不断地让我们特斯克基的学生深信的——任何人，不论他是什么肤色，只要他把某一件事做好，不管这件事多么卑微，只要比别人做得更优秀，终会获得赏识，得到酬报的，成就愈大，收获愈多。

我说过，我们这个种族将来能否成功，要看他们能否用不寻常的方法来做寻常的事情：他们要把一件事做得尽善尽美、做得别人再也没有改进的余地；使得别人倚之如左右手。这也是最初激励我在汉普顿奋力拼搏的精神。当时我获得的机会是打扫教室。我当时决心把这件事做好，使得任何人没有法子在全部工作上找出任何过错。我觉得我整个未来的生活，全靠打扫那间课室全力追求完美的精神。

再回到黑人画家亨利·谭纳尔先生的画作来，我发现，很少人看这幅画，会关注它是黑人画家、还是法国画家、或德国画家画的。他们只知道，他画出了世界上的人需要的东西——一幅经典的作品，他的肤色并没有在他们心中产生作用。不管他们的种族是什么，皮肤的颜色是什么，只要黑人女孩学会了煮饭、洗碗、缝纫、著书，或者黑人男孩学会了刷马、种山芋、制牛油、造屋子、行医，和别人一样出色，甚至还高明些，他们自然会获得报酬。最后，人们要的是最好的，种族，宗教，或以往的历史阻止不了世界上的人们求取他们需要的好东西。

我想我们这个种族的未来是否有前途，要看他们能不能对社会有价值，能不能叫别人少不了他们。要使得城镇和州里的人觉得，要谋社会的福利少不了他们。任何对居留地的物质、知识，道德上的福利不断作出贡献的人，绝不会长久得不到适当的报酬。这是一条伟大的人类法律，永远不会失效的。

初入英国王宫和下议院

7月初，我们从巴黎到了伦敦，正赶上当地社会最忙碌的时节。国会正在开会，热闹异常。戈理森先生和别的朋友不但给了我们很多介绍信，还写信给英国（联合王国）各地的相关人士，把我们来的消息告知大家。我们到伦敦不久，就收到无数请帖，有的是社交活动的，有的要我公开演讲的。因为我需要休息，我们也无法赴许多约会，所以大多数的邀请我都谢绝了。布鲁克·赫弗德牧师夫妇（这是我在波士顿就认识的）和美国大使若瑟·杰特商议，安排好请我在厄克塞特会堂作公开演讲。杰特先生答应主持演讲会。这次演讲会听众很多。许多名人都出席了，其中有几位国会议员，一位就是詹姆士·布莱斯先生，他也在会中发表了演讲。当时英美各报还广泛刊载了美国大使在介绍词中所说有关我的话和我演讲的摘要。赫弗德博士夫妇为我们夫妇开了一个欢迎会，很感幸运的是，在欢迎会中我们遇到好些英国的名人。在伦敦的日子里，杰特大使对我们最为殷勤周到。在大使的欢迎会中，我还第一次遇到了马克·吐温。

有几次在英国政治家李切·考登的千金费歇·恩夫人家做客，恩夫妇为了我们的舒适和快乐，提供了无微不至的关照。

后来，又在家住在司特里的约翰 · 布莱特的千金克拉克太太家中做客一星期，克拉克夫妇和他们的女儿在第二年来特斯克基看望了我们。还有几天在英国伯明翰若瑟 · 斯德杰先生家做客，斯德杰先生的父亲是一位主张废奴的了不起的人物，和惠提尔及戈理逊都是朋友。我在英国还有一件快意的事，就是遇到了很多有名望的人，如威廉 · 劳德，戈理森（已故），弗烈德利克 · 德格拉斯，以及其他主张废奴的人士。所接触英国主张废奴的人士，谈话中提到这两位美国人的时候，总津津有味。在到英国以前，我从来不知道英国主张废奴的人对自由表现了多么深切的关心，也不明白他们为这个主张付出了多大的力量。

在英国布里斯多尔妇女文学俱乐部，我和我的太太都发表了演说。在水晶宫，威斯敏斯特公爵（已故）主持的皇家盲人学校的毕业礼中，我担任了主要演说者。据说威斯敏斯特公爵虽然不是全世界，但却是全英国最富有的人，这话我相信的。公爵和他的夫人、小姐对我发表的演讲似乎很满意，很诚心地向我道谢。承蒙阿伯汀爵士夫人的介绍，我的妻子和我参加了在伦敦召开的国际妇女大会，在温莎宫拜见了维多利亚女王，会议之后，我们成为女王陛下宫中茶会的客人。客人当中有一位是苏赞 · 安吞尼小姐。同时能看到苏赞 · 安吞尼和维多利亚女王的机会非常难得。这两位伟大的女性，各有千秋，实在让人感动。

我们还参观了下议院，曾和亨利 · 司丹利爵士谈到非洲对美国黑人的关系，此后我更相信美国黑人要想移居非洲以改善自己的环境，是没有希望的。我的太太和我曾几次到英国人的乡间别墅做客，在那里我们看到英国人最了不起的地方。至少在一件事上，我觉得英国人的确在美国人之上，那就是——他们懂得应该怎样生活。在我看来，英国人的家庭生活不算是最完美的。他们做每一件事都像时针一样有规律。我也很感动于他们的仆人对男女主人的恭敬——他们称呼主人“老爷”“太太”——这样的称呼我想在美国是不能被允许的。英国仆人在这方面的艺术成就，其程度没有一个美国仆人能赶得上。因为他们通常专心做仆人，不想别的。而在美国，仆人希望几年后他自己也变成主人。哪一种制度好呢？我不作评价。

另外给我印象极深的，是英国国民对法律和秩序的尊重，以及办事的从容和彻底。包括吃饭，英国人都用很多时间来认真完成，把它当作和别的事一样。总的来说，他们也可以像匆忙、紧张的美国人一样有成就，或许成就更大，也不一定。

在英国游历的体会，使我对贵族有了前所未有的尊敬。之前不知道他们是如此受大众爱戴和尊重，也不知道他们为慈善事业到底做了多少工作，花了多少钱，不知道他们做起这些工作来是如此地认真。过去只是觉得他们花钱自由自在，很是享福。

有件难以习惯的事，是在英国演说时听众的反应。他们总是那么严肃，对任何事都那么极其认真，当我说一个能使美国听众哄堂大笑的故事的时候，英国人只是对我望望，脸上连笑的影子也没有。

而一旦等到英国人拿你当真心朋友的时候，便是他用钢索把你系在了心里。相信世间再没有比这更持久、更美妙的友谊了。下面这件事，也许是一个恰到好处的证明。太太和我应邀去斯塔福宫——据说这是伦敦最讲究的房子——参加苏什兰公爵夫妇的招待会，听说苏什兰公爵夫人是英国最美丽的女子，招待会至少到了 300 个客人。那一晚美丽的公爵夫人两次找我们谈话，她叫我回国以后写信给她，把特斯克基的工作多告诉她一些。我照办了。圣诞节来临之际，我们收到她的照片，上面有她的亲笔签名，不禁喜出望外。我们继续通信，现在相信，苏什兰公爵夫人是我们最亲密的朋友之一。

三个月后，我们乘“圣路易”号轮由桑波顿出发。在船上有一个很好的图书馆，它的藏书是密苏里州圣路易城居民送的，我在这里读到佛德利克·道格拉斯的传记。道格拉斯叙述他前两次到英国去，在船上的待遇，特别引起我的注意。他叙述了船上的人不准他走进舱里，只得待在甲板上的情形，读完这段文字数分钟之后，一个上流人士组成的委员会来拜访我，恳求我为次日晚上举行的音乐会发表演说。音乐会由后来任纽约州长的班雅敏·奥岱尔主持。我获得了空前热烈的欢迎。乘客大部分是南方人。音乐会之后，有乘客建议替特斯克基募捐经费，一呼即应，筹到好几个奖学金额。

第十七章

无尚至尊的事业

来自本国的感恩回馈

在巴黎的时候，有件意外之喜：接到西弗吉尼亚和我童年住过它附近地方的那座城市的人给我的一封信。

尊敬的布克尔·华盛顿教授：

您好！西弗吉尼亚州的各界人士对于先生的为人及事业非常景仰，敬请先生回国途中，能到我地一游，我们将给您提供一个舒适的休憩之地。谨代表查理斯顿居民，恭请大驾光临！先生的毕生努力给了我们无限荣光，我们也借此机会向先生表示深深的敬意。专此，祗候

台安。

查理斯顿市市会启

市长侯曼·史密斯（签署）

查理斯顿寄来的这份邀请函还附了下面这封信：

尊敬的布克尔·华盛顿教授：

您好！我们是查理斯顿与西弗吉尼亚的公民，都以先生及先生的建树为荣，期待有机会向先生致敬，并安排了一些具体的行动，希望得到您的恩准。

先生最近荣归故里，我们在先生赴欧前没能聆听教诲，又没能对先生的事业稍尽绵薄之力，深以为憾。由于这个原因，

特意恭请先生在由欧回国时，莅临我地，发表演讲，使我们得以聆听伟论，瞻仰风采，并愿能对先生的事业有所效劳。假若能恩准，请早日赐复为盼，并将驾临日期告知，不胜感激！耑此祇请

台安。

查理斯顿日报社、民友日报社、州长阿金森，州长秘书鲍格斯，国务卿威廉·道森，会计检察官拉·福赖特，视学官特洛特尔，前州长威尔森，前州长麦考特，博纳华谷银行总经理约翰·狄金森，查理斯顿国家银行总经理普立切尔，卡纳华国家银行总经理乔治·库奇，卡纳华国家银行经理爱德·雷德，市立学校视学官雷德立将军，教育局局长麦武特尔，批发商切司·潘因，及其余人等。

这一邀请是由市会、本州官员以及社会名流发出的，这些人当中有黑人，也有白人。想当年我在那里度过童年，若干年前我在贫困、无知的状况之下，从那里出走，想接受一番教育，现在接到这样的邀请，不但出乎意料，而且也不胜感慨。到底我做了什么事，值得他们这样的重视？

我接受了邀请并在约定的日子到达，在火车站上等着接我的是以前州长麦考柯为首的委员会，黑白两族的人都有。州长阿金森主持了在查理斯顿的歌剧院举行的公共欢迎会，前州长麦考柯致欢迎词。歌剧院里挤得水泄不通。黑人担任了欢迎会的主要工作，还有许多白人是我儿童时代替他们做过事的。第二天，州长阿金森夫妇在州政府举行公开欢迎会，出席者各阶

层的人都有。

不久，佐治亚州亚特兰大的黑人又为我举行了一个州长任主席的欢迎会，新奥尔良也举行了由市长主持的欢迎会，后来别的地方也寄来许多请帖，不过我不能一一答应了。

哈佛特有的忠义和热忱

我遇到的几件事，都非常出乎意料，这是在赴欧洲之前了。事实上，我的一生大部分是由意想不到的事情缀合起来的。我相信，所有人的一辈子，只要他一生中每天都尽力而为——全心全意地过纯洁、利他、有用的生活，就会不断获得这种意想不到的鼓励。一个人，无论他是白人，还是黑人，要想得到快乐和满足，必须帮助别人，使对方更有用处，更幸福才行。假如有缺乏这种经验的人，我真可怜他们。

在得了中风一年以后，逝世前的六个月，阿穆斯特朗将军表示希望在生前再到特斯克基来看一次，尽管他已经行动不便，差不多每件事都需要别人帮忙才能完成。他的希望最终实现了，我们把他接到特斯克基来。特斯克基铁路的股东们（全是住在镇上的白人），自动免费为他开一辆专车，到五英里外的契号总站去接他，晚上九时左右他到了学校里。有人建议举行一个“松树枝火把欢迎会”，计划得到了采纳，他的车子刚进校门，就受到了由一千名师生排成的松枝火把队伍列队迎接。这件事太有创意了！将军看了，乐不可支。他在我家做客约有两个月之久，虽然他的嗓子和四肢已经不灵便，但是差不多每一个小时他都用来想方设法帮助南方。他一再嘱咐我，政府的责任不但要帮助南方的黑人，提高他们的地位，并且还要帮助贫穷的白人。在他快要走之前，我重下决心，更认真致力于实现他的夙愿。我曾经说过，如果一个人愿意尽全力去思想、工作、要有作为，我不可能不尽我的力量去促成他理想的实现。

几星期后，阿穆斯特朗将军逝世了，他的逝世使我有机会结识了一个人物——我生平碰到的最高尚、最不自私、最有吸引力的人物之一——现任汉普顿学院院长、阿穆斯特朗将军的继承人珂立斯·弗立塞尔博士。在弗立塞尔博士明晰、有力、几近十全十美的领导下，汉普顿学院办得非常成功，且有很大的贡献，将军的夙愿可谓得偿。弗立塞尔博士为了基本的原则，宁愿默默无闻，他好像总是习惯隐身幕后，让阿穆斯特朗将军出现在前台。

我曾经多次被人询问，哪一件事是一生中最意想不到的事。对这个问题的答复丝毫不用踌躇。这就是下面的这封信。一个主日早上，我坐在特斯克基家里的走廊上，我的妻子和三个孩子围在我面前，信来了——

尊敬的布克尔·华盛顿校长：

您好！哈佛大学将在近日举行的毕业典礼中授予您名誉学位，依照我校习惯，受学位者须亲自到场。毕业典礼在本年 6 月 24 日举行，希望您能在该日中午到下午 5 时左右在场。不

知您是否有空光临？特此告知并盼回复。耑此敬候

大安。

查理斯·温利奥特谨启

1896年5月28日发自哈佛大学

说实话，我之前对如此幸运没有过丝毫的念想，哈佛大学——美国历史最悠久、最负盛名的大学，把荣誉学位送给我，是难以想像的事情。坐在走廊上，手捏着信，泪盈于眶。以前的生活经历一幕幕在眼前闪现——我在大农场里当奴隶；在煤矿里做工人；那一个无衣无食的时期，睡在木板铺的行人道下面，为受教育所做的挣扎；在特斯克基艰苦的日子里，有时候为了继续我的事业，连一块钱都不知上哪里去找；我的同胞对我的排斥和压制——这一切都涌上心头，使我情难自控。

我从来没有去追求，也从来没有计较过世人称之为“名誉”的那件东西。我总觉得，“名誉”是可以用来做好事的工具。我常常对朋友们说，如果能用名声做媒介，去做好事，我也愿意获得它。我只当它是做一件好事的工具，就如同金钱可以拿来利用一般。我和富人接触得越多，越觉得他们把钱当作是上苍交到他们手里的工具，让他们来做好事的。约翰·洛克菲勒先生帮了特斯克基好多次大忙（每次去他的办公室，他总提醒我这一点），他总是对我们的事业严加考察，包括极细微的事也都非常留意，那种考察的认真，就像是他要投资做一笔生意一样，他要使得他捐的每一块钱都派了正当的用途。我相信，这种倾向是最鼓舞人心的。

6 月 24 日上午 9 点，我到了哈佛大学，见到了温利奥特校长、哈佛大学董事会诸位成员以及其他客人。我们先在学校里指定的地方集合，然后有人一路陪同我们到桑德斯戏院，毕业典礼（包括颁赠学位）在那里举行。这一次被邀出席并授予学位的还有纳尔森 · 迈尔斯将军、发明贝尔电话的贝尔博士、温森主教、敏诺 · 沙维基牧师。我们紧跟在校长和董事们后面排成一行，随后持枪骑兵护送着麻州州长来到，排在温利奥特校长旁边一同前行。在这一行列里还有穿着大学礼服衣帽的其他负责人、教授等。大家就这样朝着桑德斯戏院出发，在那里举行毕业典礼，然后颁发名誉学位。这似乎是哈佛大学的一大悬念十足的盛事。在接受名誉学位的人出现之前，谁也不知道谁会接受学位，那些接受学位的人受到大众的欢呼，愈有名气的，欢呼愈热烈。在授学位的时候，兴奋和狂热之情达到了顶峰。

听到名字被宣布，我起立，温利奥特校长用美丽而有力的奥语颁发给我硕士学位。仪式之后，获得名誉学位的人被邀和校长一同进餐。餐后，由当天的司仪威廉 · 劳伦斯主教陪伴我们列队参观全校。在校园里，接受名誉学位的人的名字有人呼唤着，我们也接受了哈佛式的欢呼。参观到举行校友聚餐的地方——纪念厅为止。1000 多名代表国家、教会、商业、教育各界的精英人物，充满了哈佛特有的忠义和热忱（我想这也是哈佛特有的风格），亲见这些人以后，脑海里留下了永难磨灭的印象。

聚餐之后，温利奥特校长、罗吉尔 · 乌尔科特州长、迈尔斯将军、敏诺·沙维基牧师、亨利·克伯·洛基和我发表了演讲，我的讲话中有一段是：

我多么希望能减少一些窘迫的感觉，实在是难以觉得（哪怕稍微觉得也好），贵校给我的这一项的荣誉，我是当之无愧的。为什么贵校会从南方黑人地带，从平凡的同胞中选出我来，让我在今天这个场合之下分享这份荣耀，不是应该由我来说明的；可是，让我发出这个倡议，或许并不是不合适：在我看来，和我们的美国生活最密切相关的问题之一，就是怎样使有能力，有财富，有学问的人帮助最贫穷，最无知，最平凡的人，而同时又使帮助者体念到被帮助者自有给人活力、激励别人的能量。怎样使波士顿这座富足的文化名城中高楼大厦里的人，也感到阿拉巴马棉田里和路易斯安纳蔗田里最低等小屋中的老百姓的需要呢？这个问题哈佛大学正在解决着，不是俯身迁就，而是把老百姓抬举起来。

假如我过去的经历，对抬举我的同胞，改善种族之间的关系有什么积极意义的话，我今天向诸位保证，将来这些意义会成倍增加。造物主只确立了一个标准，依靠它可以成功——一个种族也只有唯一的标准，这个国家要求每一个种族都用美国的标准来衡量自己。一个种族的兴衰成败，都以这个标准为依据，总之，仅仅凭一时热情说话没有多少意义。在今后50年或更长的时间内，我们这个种族将继续接受更严厉的美国考验。我们的忍耐性、宽容、恒心，对抗逆境的坚忍，抵制诱惑的坚定、省俭，学习技能和利用技能，都将受到考验；我们在与人竞争的技能上、商业获得成功的能力上、不重外在重本质的眼光上、一面求上进而仍然谦逊的品格上、有了学问仍然素朴的情操上、地位提高仍然做众人之仆人的胸襟上，都要经受考验。

报社的编辑这样写道：

当宣布到布克尔·华盛顿的名字，当他起来回应并接受学位的时候，满堂喝彩声起，除了那最得人望的爱国军人迈尔斯将军以外，再没有人受到这样热烈的欢呼。这种喝彩并不是事先策划好的、僵硬的、聊表同情和安慰的；这是由发自内心的热忱和钦敬发出的。从正厅后排到顶层楼座，观礼的人围了个水泄不通，他周围的人脸颊上都泛着兴奋的红光，对这位过去是奴隶的人艰苦奋斗的经过，和他为同胞所建立的不凡的事业，表示由衷地叹服。

波士顿一家报纸的社论中说：

哈佛大学把硕士学位授给特斯克基学院的院长，使得到这个名誉的人和这所大学同时都获得了荣耀。布克尔·华盛顿教授对教育与公民卓越的表现，以及他在南方选定的工作范围内造成良好民众启蒙的成就，使他能够列入造福国家的精英名册当中。哈佛大学可以把他列入它的学生名单中，不管是本科也好，名誉也好，总可以引为荣耀。

据说华盛顿先生是他们种族中第一个获此殊荣的人，这件事本身就意义非凡。不过这个学位之所以授给华盛顿先生，并不是因为他是黑人，或者因为他是奴隶出身，而是因为他把南方黑人的地位提高了，表现出他是一个天才，一个胸襟阔大的人，就凭这两点，任何人，不管他的皮肤是白色还是黑色，都可以成为伟人。

另一家波士顿的报纸说：

哈佛大学在英格兰的大学中作出了把名誉学位颁给黑人的创举。任何留心特斯克基的历史以及特斯克基的事业的人，都不可能不佩服布克尔·华盛顿非凡的勇气、坚韧的毅力和卓越的见识。哈佛大学把荣誉颁给这位曾经做过奴隶的人是一盛举。因为这个人事业的价值和他的种族、国家一样，只有未来能进行评价。

《纽约时报》通讯员报道说：

所有的演讲，听众都报以热烈的掌声，但是演说的最高荣耀却被那个黑人拿去。等到他演说完毕，掌声如雷鸣，久久不停息。

为何能打动总统

在特斯克基开始工作不久，我就暗下决心，心里计划要设法建一所学校，对国家作出巨大贡献，连美国的总统某天也要来参观一下。我承认，这在当时是一个相当大胆的“妄想”，若干年来我一直默默地藏在心里，不敢向任何人提起。

我为这个梦想采取的第一步行动，是在1897年11月，请麦金莱总统的内阁一位阁员——农业部长詹姆士·威尔逊先生来本校参观。我们的阿穆斯特朗大厦——第一座用以给学生在农业和有关学科方面的训练的建筑揭幕，专程请他来主持并致词。

到了1898年秋天，我听说麦金莱总统可能要到佐治亚州亚特兰大来参加庆祝和平典礼，以纪念美西战争的胜利结束。这时，我和教师们为了创立一间我们自认为对国家有贡献的学校，已经努力奋斗了18年。我决定直接去想办法请总统和他的内阁来看看我们的学校。我跑到华盛顿，想办法进入了白宫。到了那里，发现等候见总统的房间里坐满了人，我的确很担心，我怕那天我见到总统的机会渺茫甚至没有一点机会。不过，无论如何，我找到了一个晤见总统的秘书阿狄森·波尔特尔先生的机会，我把来意向他说了。波尔特尔先生很愿意帮我的忙，把我的名片直接递给了总统，几分钟后波尔特尔先生从里面出来，说总统要见我。

我难以理解，一个像麦金莱总统那样，做那么多的辛苦工作，还要接见那么多抱了不同目的来看他的各式各样的人，何以能够保持宁静、耐性，每见一个人都是那样神采奕奕？我见到总统的时候，他和善地向我致谢，说我们在特斯克基所做的工作，对国家大有裨益。我简要地说，如果全国最高行政首长能莅临这所学校，不但对于师生是无上的激励，而且对于整个黑种民众也是莫大的帮助。他似乎很动容，但并没有立刻答应到特斯克基去，因为他到亚特兰大的计划还没有十分确定，但是他让我过几个星期再去提醒他这件事。

到了次月中旬，总统确定要参加亚特兰大的和平庆祝。我再度赴华盛顿去拜见他，想请他顺便亲临特斯克基。这次去看总统，特斯克基有一位白种名人查尔斯·海涅先生自动要陪我去，他想以特斯克基和附近地方白种人代表的身份，增加邀请的分量。

就在这个阶段，南部若干地方发生了严重的种族冲突事件，全国激昂，黑人的情绪极为沮丧。我一见到总统，就觉得他的心情受种族骚动的影响变得很沉重。虽然有很多人在等着他，他却多留我坐了一会儿，和我讨论黑人的情况和前途。他决意不单单用言语表示他对黑人的关切和信心，并且要见诸行动。我对他说，要给黑人希望和鼓励，在那时候再也没有比本国的总统亲自旅行 140 英里，用一天时间去亲临一所黑人学校更有力量的事了，他听了这话，好像深受触动。

我和总统谈话的时候，亚特兰大的一个民主党员走进来，他是一个白种人，过去拥有过奴隶。总统问他到特斯克基去一趟，是否可行。这位亚特兰大的人毫不犹豫地答道，总统做这件事很得体。这个想法同时获得了黑人朋友珂利博士的支持。总统终于答应了在 12 月 16 日那天亲临我们学校来看一看。等总统要莅临特斯克基的消息传出来，离学校一英里远的特斯克基镇上的白种人和我们师生一样感到高兴。遍布全镇的白人男女，开始组成和学校负责人合作的委员会，准备给这位贵宾适合他身份的招待。在这件事以前，我从来不知道特斯克基和附近的白种人对我们学校关切如此之深。在我们准备欢迎总统的时候，成群的白人到我这里来，对我说，他们虽然不想出风头，不过如果有什么需要他们帮忙的地方，或者能减轻我个人负担的工作，我只要对他们说一声就行，他们全都乐于提供帮助。事实上，阿拉巴马各界人士对我们的工作所感到的光荣，是和总统来参观差不多同样使我深受感动的一件事。

12 月 16 日早晨，特斯克基满城同欢，盛况空前。和总统同来的是总统夫人和全体内阁成员（只有一个未到，多数带了眷属同来）。包括夏夫特尔和惠勒尔两位将军在内的好几位著名将军都来了，他们是最近从美西战争中回来的。此外还有大批新闻记者。正在蒙特哥玛利开会的阿拉巴马的州议会通过议决案暂行休会，好到特斯克基来一趟。就在总统一行抵达之前，州议员由州长和本州政府其他官员率先莅临了。

特斯克基的居民把这个市镇从车站到学校装扮得花团锦簇、喜气洋洋。为了节省时间，我们事先都准备好了，让全校学生列队接受总统检阅。每个学生手里拿着一根甘蔗，末端缚了些开着的棉花圆荚。学生后面是用马、骡、牛拖的敞篷车上陈列出来各系的作业。在这些平底车上，我们不但展出了学校里最近的作业，并且还展示了新旧两种方法做出来的东西不同之处。举例说，我们把旧式的和改良的制酪方法、把旧式的和新式的耕田方法、把旧式的和新式的烹调方法，分别予以对照展示。由于展品是如此的丰富，用了一个半小时的时间才参观完。

在我们新近建好的教堂里，总统发表了演说，以下是片段：

在这种令人欢欣的迎接氛围中，我有机会参观贵校的成绩，心里非常高兴。创办特斯克基师范工业学校的主意很合乎理想，在本国已经闻名遐迩，声誉甚至还传到了国外。这所学校专为黑种同胞而设立，旨在提高这个种族的地位；在教育学生去创造光荣的、有益于社会的人生方面，取得了卓著的成绩。对从事这件工作的人，我钦佩的同时，也感到非常欣慰。

我想，这是一个独一无二的教育上的尝试——连全国最保守的慈善家也注意到它了，要找一个恰当的地方对它予以支持——再也没有比这里更好的了。

提到特斯克基，不得不特别归功于布克尔·华盛顿的天才和毅力。这件高尚的业绩是他一手打造的，值得大大地加以赞扬。凭他的热情和努力，这所学校才能不断地进步，达到今天这样高的水准。他已经当之无愧地堪称自己种族中伟大的领袖之一，他是有才华的教育家、伟大的演说家、真正的慈善家，名声远扬，备受尊敬。

海军部长约翰·隆的演词中一部分说的是：

原谅我今天不能发表演说，因为我为我的国人——全国各地，各种肤色——而深深感动，满心是难以言说的希望、钦佩与光荣，我看到你们的成绩，心中充满了感激和佩服之情，从今之后，我完全相信你们会进步，也能解决你们的问题。我要说，问题已经解决了。今天我们看到的景象，足可以画成一幅画，和华盛顿、林肯的像挂在一起，流芳百世。这是一幅动人的画：美国总统站在这个讲台上，一边站着阿拉巴马的州长，另一边站着特斯克基师范工业学校的黑人校长——他代表仅仅几年前还是奴隶的一个种族——这三人形成完美的组合。这一幅画应该在全国报纸广泛宣传。

愿上帝保佑总统，因为在他的领导下，这一幅景象已经呈现在国人面前；愿上帝卫护阿拉巴马州，因为这一州能够由自己来解决这个问题；愿上帝赐福这位伟大的演说家，慈善家。基督的门徒如果在世，也会做同样的工作，这个人就是布克尔·华盛顿。

邮政总长史密斯用下面的话结束了他的演讲：

在这几天来，我们看到了许多景象。我们看到南方大都市之一的雄伟壮观和辉煌的成就，我们看到战争的英雄在行列中走过。我们看到花车游行。但是我相信，我们并没有看到过比今天上午在这里看到的更感人、更鼓舞人心，更使我们感到前途有希望的场景——相信我的同僚一定同意这个说法。

过了几天我接到一封信，是总统回到华盛顿以后授意的，内容如下：

尊敬的阿拉巴马特斯克基师范工业学院院长布克尔·华盛顿先生：

您好！现附上总统拜访贵校纪念专辑数册。各页上均有总统及内阁阁员亲笔签名。此次拜访贵校，承蒙款待，特此敬谢。各项节目无不尽善尽美，到场人士都表示非常满意，贵校同学的工业作业展览，别具匠心，不但技巧高超，而且非常生动，总统与其阁员对您的建树，倍加赞赏，窃以为，这次参观对于贵校未来的兴旺，可称为最鼓舞人心的佳兆。同时对于您在欢迎会中表现出的谦逊风度，总统一行深表赞赏，特此奉达。

谨祝您造福社会国家的事业前途无量，并致以衷心的问候。

总统秘书

阿狄森·波尔特尔谨启

一八九九年十二月二十三日发自华盛顿总统官邸

学校的价值取决于它的毕业生

从我在特斯克基开始办学到现在已经有 20 年了。当年，这间学校只有一间破旧的小屋，一间鸡舍，可以说一块钱的财产也没有。只有一个教师，30 个学生。现在，学校有 32000 亩地，其中 1000 亩完全由学生耕种。还有大小 66 座建筑物；除了四座以外，几乎全是学生亲手修建的。在学生种田造屋的时候，我们派胜任的教师，教他们农业、商业和建筑的最新技艺。

除了学术和宗教的训练以外，学校共有 30 个工业科系。这些科系的教授专于各种工业，使我们的男女学生毕业后立时能找到工作。现在唯一的困难是南方黑白种族的人需要我们的学生，我们所能提供的，还不到来信预约的一半。我们既没有房屋，也没有金钱来应付另一半申请入学的男女青年。

我们学校的教育有三个原则：第一，学生受了教育，要能做环境需要他们做的事，如应对当前他居住的南方的种种环境；第二，学校毕业的学生，要能自谋生活并照顾别人。为此必须具备充分的技能、知识和道德的修养；第三，使每一个人热爱劳动而不是逃避劳动。使他们明白，劳动者是有尊严而美丽的。除了男生的农业训练、女生要接受日常家事训练，现在我们每年还安排一些女生也接受农业训练，如园艺、种果树、制乳酪、养蜂、养鸡鸭。

我们学校不属于任何教派，但却有一间“费尔勃斯堂圣经训练学校”，为相关学生进行培训，将来担任牧师或从事别的传教工作，特别是在乡间工作的课程。同样重要的是，每一个学生必须半天从事某种工业，学习技术，养成爱好工作的习惯，将来毕业后，在工业方面可以给其他人作示范。

如果我们把基金 100 万元算进去，目前我们财产的价值已经超过了 70 万元，全部财产就有 170 万元（约相当于今天 4 亿美元）。除了还需要多建几栋楼和经费而外，基金至少应该加到 300 万元才够。现在每年 15 万元的经费，大部分我可以挨家挨户去募捐。我们所有的财产全部有抵押，然后立了契，让一个不属于任何宗派的董事会负责主持学校的工作。

学生人数由当初的 30 人增加到现在的 1400 人，除来自 27 州和各准州外，还有非洲、古巴、波多黎各、牙买加及其他外国的学生。各系的教职员共有 110 人，如果把教师的眷属也算在里面，学校里的常驻人口就接近 1700 人了。

常有人问：这么多人聚在一起，怎样才能管住他们不干坏事？答案有二：一，到我们这里来受教育的男女，都是真心实意的；二，他们个个都很忙碌，没时间为非作歹。下面我们每天的工作情形可以为证——

05：00　起床；

05：50　鸣早餐预备钟；

06：00　早餐；

06：20　早餐完毕；

06：20～06：50　收拾房间；

06：50　鸣工作钟；

07：30　早晨自修；

08：20　鸣早晨上课钟；

08：25　男女青年列队受服装检阅；

08：40　教堂内行崇拜仪式；

08：55　听五分钟每日新闻；

09：00　开始上课；

12：00　下课；

12：15　午餐；

13：00　鸣工作钟；

13：30　开始上课；

15：30　下课；

17：30　鸣停工作钟；

18：00　晚餐；

19：10　晚祷；

19：30　晚自修；

20：45　晚间自修完毕；

21：20　鸣就寝预备钟；

21：30　鸣就寝钟。

时刻铭记，学校的价值，就在于毕业生的好坏。在特斯克基修完全程的和受过充分训练、工作方面可以相当胜任，现在在南方各部分工作的学生，总共至少有 6000 男女；凭他们自身的努力和榜样作用，正在教给南方大众怎样改善他们物质、教育、道德、宗教方面的生活。同时，他们表现出相当程度的见识和自制，在促进两种族间的友好关系方面发挥了不小的作用，并使南方的白人相信教育他们种族中的男女，是有价值的。此外，我的太太主持的母亲会和大农场工作，也产生了很大的影响。

我们的毕业生所到之处，在购置土地、改善家庭生活、储蓄金钱、推进教育、提高道德标准等方面所引起的变化，是非常可观的。整个社会因这些男女的影响，很快走上了良性循环。

10年前，我在特斯克基参加第一届黑人大会。这是一个一年一度的大会，约有八九百名男女黑人代表到我们学校来，用一天时间看看自己的同族人在工业、知识、道德等各方面的实绩，以便定下改善自我的计划。自特斯克基这个中枢的黑人大会之后，许多州和地方纷纷效仿。这些大会造成的影响，听上次参加常年大会一位代表的报告说，在他的社会里十个家庭买了房屋。常年黑人大会开过以后，第二天又举行“工人大会”，由南方规模比较大的学校中从事教育的教职员组成。黑人大会给了工人极好的机会，来研究老百姓的真正情况。

1900年夏天，在汤姆斯·弗尔森先生（一位出色的黑人——不论什么事都帮我忙）的帮助下，我组织了全国黑人商业联盟。在波士顿召开第一次大会，把在美国各地从事各种商业的众多黑人们首次集中在一起（30州都有黑人代表参加）。由这个全国性的会议，产生了州和地方的商业联盟。

除了负责特斯克基的行政事务，为学校筹募大部分维持的费用以外，应邀为南方白人和黑人团体作演讲，也是我义不容辞的责任。这种邀请在北方也常常有。至于我在这方面花了多少时间，纽约西部商港布法罗的一家报纸会告诉你。因为我在那个城市的全国教育协会席上作演说，这家报纸提到了这事情：

布克尔·华盛顿是世界黑种人中最杰出的教育家，他前晚由西部到这里来，风尘仆仆，刚住进伊罗布伊斯旅馆就忙碌起来，匆忙吃了晚饭，然后在旅馆的客厅中举行一个招待会，一直到8时才散。会中约有来自美国各地的200多名著名教师和教育家来和他寒暄。8点钟一过，他乘车到音乐堂，在一个半小时内又作了两篇激情洋溢的内容为“黑人教育”的演讲，听众有5000人之多。然后又被瓦特金斯牧师率领的黑人代表邀请走，到另一个由他那个种族的人发起专为欢迎他的招待会里去了。

除此以外，我还有这样一个义务，即利用报纸引起南方和全国有关两个种族事务的注意。如我不得不对滥用私刑的陋习提出责难。路易斯安纳州宪法大会开会的时候，我向大会提交公开信，为黑人呼吁正义。在这些事情上，全国的报纸不约而同地给予我热烈的支持，连南方也不在例外。

尽管从表面上看，或临时地看来，黑种人还是使人失望，但我现在却感觉到前所未有的希望。德才兼备的人终将被赏识并获得报酬的规则不但放诸四海而皆准，而且永不会变。外界的人不知道也难以体会，南方白人和他们昔日的奴隶心中都存在着想消除种族偏见的纠结；在他们内心挣扎的期间，世界上其他地方的人们都应该给予理解、支持和宽容。

这本自传的写作将告结束时，刚巧我住在弗吉尼亚的里士满——这并不是有意安排的——这座城市几十年前是南部联邦的首都；就在这里，大约25年前，因为贫穷的缘故，我夜夜睡在板铺的人行道底下。

这一次，我在里士满作为该城黑人的上宾，应他们的邀请，昨晚在城中最宽广、最精致的大堂——音乐学院——向黑白两族的人发表演讲。这是第一次黑人获准荣登这座大堂。在我到达前一天，市议会通过一条议决案，全体出席来听我的演讲。州议会（包括本州众议院和参议院）也一致议决全体来参加。我在成千黑人、许多著名的白人、市议会议员、州议会议员、州政府官员的面前，发表了演讲，充满希望和愉快的演讲；从心底里感谢两个种族的人，欢迎我回到出生时所在的一州。

（完）